좋은 죽음 나쁜 죽음

EBS 다큐프라임 생사탐구 대기획 `Death`

# DEATH
## 좋은 죽음 나쁜 죽음

EBS MEDIA 기획 ｜ EBS 〈데스〉 제작팀 지음

책담

차례

## 3부 — 아르스 모르엔디: 죽음의 기술

# 어쩌면 오늘은, 죽음을 생각하기 좋은 날일지도 모릅니다

우리 중 죽지 않고 영원히 살 수 있는 사람이 있을까?

과연, 우리 중 얼마나 많은 사람이 '언젠가는 죽는다'는 생각을 하고 하루를 살아갈까?

'죽음'이란 주제로 프로그램을 한다고 하자, 사람들은 '아이고…그거 우울해서 어떡해?'라는 반응을 가장 먼저 보였다. '죽음'이란 주제는 누가 보더라도 가볍고 경쾌한 주제는 아니다. 그러나 죽음만큼 확실한 미지의 세계가 또 있을까? 〈EBS 다큐프라임 생사탐구 대기획 "데스"Death〉는 죽음이라는 알지 못하는 세계에 대한 관심에서부터 시작됐다.

# 불편한 죽음, 외면하는 우리

얼마 전, 가족 중 한 명을 잃으면서 "죽음이 이렇게 갑작스럽게, 내 삶에서 일어날 수도 있다"는 것을 알았다. 그리고 온전히 죽음이라는 사실을 받아들이기까지 얼마나 많은 담금질이 필요했는지 모른다.

우리는 모두 '죽음'을 안다. 그런데 이 죽음이 나와 관련 있다고 생각하지는 않는다. 오히려 죽음이라는 사실이 명백해질수록 외면하려 한다(미국의 정신과의사 엘리자베스 퀴블러 로스는 "우리는 희망이라는 이름으로 죽음을 받아들이려 하지 않는다"고 말한다). 그리고 죽음을 거세한 삶에 더욱 열중하려 한다. 그 이유는 무엇일까?

아마도 우리는 죽음을 '불편'하고, '재수 없는 것'으로 치부하는 것에 익숙해져 있기 때문일지 모른다. 상갓집에 가는 것을 꺼리고, 아침에 운구차를 보기라도 하면 하루 종일 찜찜한 마음을 감출 길이 없다. 그런데, 정말 죽음은 우리가 생각하는 것처럼 불편하고 불운한 것일까?

〈EBS 다큐프라임 생사탐구 대기획 "데스"〉를 기획하면서 이런 모든 질문에 대한 답을 찾기 위해 동분서주했다. 그러나 안타깝게도 속 시원한 답변을 제시해 주는 전문가는 없었다.

## 알 수 없는 '죽음의 실체', 그러나 현존하는 현상

우리는 현존하는 현상의 실체를 파헤치려 노력한다. 의학과 과학은 우리 눈에 보이지 않는 세계의 단위까지 그 실체를 파악하여 제시한다. 그런데 아직 죽음의 실체는 물음표로 남아 있다. 명백하게 '죽음'이라는 현상이 존재하는데, 왜 그 실체는 알 수 없는 것일까? 죽음의 실체를 파악하기 위한 움직임은 있었나?

프로그램의 시발점이 되고, 이야기의 중심에 있었던 것은 바로, 이 '죽음의 실체'였다. 죽음의 실체를 찾을 수만 있다면, 죽음에 대한 많은 궁금증이 해결될 수 있지 않을까?

〈EBS 다큐프라임 생사탐구 대기획 "데스"〉의 궁극적인 목표는 죽음의 실체를 밝혀 우리 모두 언젠가는 맞게 될 죽음에 대해 이야기하자는 것이었다.


## 죽음에 대한, 과학과 실험이라는 다른 접근법

죽음을 소재로 한 기존의 많은 프로그램에서는 죽어 가는 사람들의 모습을 화면에 담았다. 시한부 인생을 살아가는 주인공부터 그런 주인공을 바라봐야 하는 주변 사람들의 이야기까지, '죽음'을 주제로 한 이야기들은 눈물로 시작해서 눈물로 끝나기 마련이었다. 과연, 죽음이 무엇이기에 우리는 모두 눈물을 흘리는 것일까?

〈EBS 다큐프라임 생사탐구 대기획 "데스"〉에서는 죽음에 대한 학문적인 접근을 시도했다. 지금까지 어느 누구도 섣사리 확언할 수 없었던 죽음에 대한 정의를 한 곳으로 모으고, 새로운 길을 찾아가기 시작했다. 언뜻 보면 어렵게 보일 수 있지만, 과학과 실험을 통해 '죽음'이 특별한 누군가에게만 일어나는 일이 아니라는 사실을 알리고자 했다.

## 죽음을 알면 삶이 행복해진다?

취재 기간 동안, 의·과학계는 물론, 철학, 심리학, 종교학 등 다양한 분야의 전문가들을 만났다. 그리고 가장 많이 들은 이야기는 "죽음에 대해 배우면, 삶이 행복해진다"는 것이었다. 평소의 우리는 죽음에 대해 생각해 보려 하지도 않는데, 죽음에 대해 배우면 어떻게 삶이 행복해진다는 것일까? '웰다잉'을 준비하면 '웰빙'이 가능하다는 것인데…확인해 볼 수 있는 자료는 있을까?

유감스럽게도 이런 궁금증에 답을 해 줄 수 있는 전문가나 자료는 어디에도 없었다. 그렇다면 어떻게 확인해 볼 수 있을까? 그래서 제작팀은 위의 물음에 대한 답을 찾기 위해 분주할 수밖에 없었다.

# 죽음을 맞을 준비는 어떻게 하는 것일까?

많은 학자들이 죽음은 삶의 끝이라고 말한다. 삶과 죽음은 따로 분리되어 있는 것이 아니라, 삶의 가장 마지막 순간이 죽음이기 때문에 서로 연결되어 있다는 것이다. 죽음은 삶의 가장 마지막 순간이다. 그래서 죽음을 준비하는 것이, 일생에 영향을 미친다는 것이다. 그렇다면 우리는 어떻게 죽음을 맞이할 준비를 해야 하는 것일까? 또 좋은 죽음을 맞이한다는 것은 어떤 의미가 있는 것일까?

〈EBS 다큐프라임 생사탐구 대기획 "데스"〉를 준비하면서 가장 많은 고민을 한 질문이 바로 이것이다. 우리 중에는 어느 누구도 죽음을 직접 경험해 본 사람이 없기 때문에 죽음을 어떻게 맞이하는 것이 좋은지, 어떤 방법이 있는지 알려 줄 수 있는 이가 아무도 없기 때문이다. 그런데 모든 것의 끝인 줄만 알았던 죽음이 생에 영향을 미친다면 우리는 어떤 준비를 해야 할까? 그 답을 찾기 위해 다양한 심리학 실험부터 과학적 증명까지, 최초의 시도들이 이어졌다.

우리는 모두 언젠가 죽는다. 그렇다면 죽음이란 무엇일까? 죽음은 삶에 어떤 의미를 주는 것일까? 이 답을 찾기 위한 1년이 넘는 시간 동안의 여정을 프로그램과 이 책에 담았다.

김미안 작가

# 1부

## 메멘토 모리: 좋은 죽음, 나쁜 죽음
Memento mori

인간에게 죽음은 탄생에 비견될 가장 큰 사건이다.

죽음은 한 인간의 경험의 끝이요 모든 관계와의 단절이다.

죽음은 뒤돌아보지 않는다. 그래서 차갑다.

차가운 죽음은 근원적인 질문들을 던지며 사람들에게 말을 걸어온다.

죽음은 좋은 것인가 나쁜 것인가?

죽음은 삶의 끝인가 또 다른 시작인가?

죽음이 끝이라면 삶의 가치는 무엇인가?

죽음이 밀어내는 질문들은 밀려드는 파도처럼 끝없다.

그 질문들에 대한 답은 객관적으로 존재할까?

답은 누구에게 있을까?

어쩌면 죽음은 삶에 대한 많은 답을 제시해 주는 길일지도 모른다.

삶은 죽음을 향한 끊임없는 시도다.

따라서 삶은 죽음이 더 이상 악으로 생각되지 않을 때

비로소 행복을 누릴 수 있다.


레프 니콜라예비치 톨스토이

# 1장
## 죽음이란
## 무엇인가

## 죽음에 대한 정의

세계 7대 불가사의라는 것이 있다. 수년 동안 200개가 넘는 후보지를 놓고 줄이고 줄인 후 투표를 진행하여 뽑은, 인간의 힘으로 도저히 불가능해 보였을, 이성적으로 납득할 길 없는 건축물이나 도시 등을 일컫는다.

그런데 인생이라는 세계 가운데는 인간의 이성으로 납득할 길 없는 최고의 사건이 있다. 바로 죽음이다. 다른 경쟁 후보도 없다. 그어떤 불가사의보다 가장 불가사의한 사건, 죽음. 그것은 결코 피할수 없는 동시에, 언제 어디서 들이닥쳐 인간을 파괴할지 모른다. 인생은 죽음이라는 목적지를 향해 달려가는 동시에, 죽음이라는 목적지를 잊기 위해 달리기도 한다.

지위고하를 막론하고 수많은 사람들이 죽음에 대해 숙고해 왔다. 특히나 인생의 근원에 대해 궁금해하는 사람들은 여지없이 죽음에 천착해 왔다. 이런 이유로 죽음에 대한 견해는 그 무엇보다 분분하다.

1년간 〈EBS 다큐프라임 생사탐구 대기획 "데스"〉 제작팀(이하 'EBS 제작팀')은 죽음의 실체를 찾아서 교수와 박사, 작가 등 죽음에 관련된 수많은 전문가들을 비롯하여 다양한 일반인들을 만나 왔다. 그리고 그들 모두에게 "죽음을 한마디로 정의한다면?"이라는 어렵고 곤혹스러운 질문을 감행했고, 이들은 기꺼이, 때로는 주저하며 정성껏 답해 주었다. 이들이 정의하는 죽음이란 무엇일까?

"죽음은 삶의 끝입니다."

– 미국 예일대학교 철학과 셸리 케이건 교수

"죽음은 '부재'입니다. 존재와 그것을 둘러싸고 있던 모든 관계들의 부재라고 생각합니다."

– 미국 사우스플로리다대학교 심리학과 제이미 골든버그 교수

"떠남, 출발이라고 생각합니다."

– 미국 캘리포니아대학교 물리학과 앤드류 클리랜드 교수

"죽음은 경험의 끝을 말한다고 생각합니다. 저라는 사람의 경험의 끝이라고 볼 수 있을 것 같네요."

> — 영국 옥스퍼드대학교 이론물리학자 로저 펜로즈 경

"한마디로 죽음은 거울입니다. 우리의 삶을 비추어보게 되는 거울입니다. 죽음이 없이는 삶을 제대로 사는 법을 배우지 못할 것입니다."

> — 영국 문화철학자 로먼 크르즈나릭

의학적으로 인간의 죽음에 대한 정의는 크게 '심장정지설'과 '뇌사설'로 나눌 수 있다. 먼저 '심장정지설'은 인간의 가장 중요한 장기 중 하나인 심장의 활동이 정지한 시점을 사망의 시점으로 보는 것이다. '뇌사설'은 인간의 모든 기능을 제어하는 뇌, 특히 뇌간의 기능이 완전히 상실한 경우를 죽음으로 본다.

이렇게 각 분야별로 죽음에 대한 정의는 매우 다양하다. 그러나 이들이 모두 동의하는 점이 하나 있다. 바로 "죽음은 인간의 두려움을 대변한다"는 것이다. 즉, 인간이 가진 두려움의 밑바닥에는 죽음이 자리하고 있다는 것이다.

# 죽음에 대한 두려움

인간을 비롯하여 생명을 가진 모든 것은, 언젠가는 죽음을 맞이하게 된다.

언젠가 죽을 것이라는 사실, 삶에 반드시 끝이 있다는 사실은 인생의 가장 심오하고 근원적인 진리이며, 어떤 모양으로든지 우리의 삶에 영향을 미친다. 또한 나이가 들면서 우리는 우리의 힘이란 게 대단한 것이 아니며, 우리가 아무리 간절히 원해도 이루어지지 않는 것이 있음을 알게 된다. 아무리 간절히 원해도 죽음은 피할 수가 없는 것이다. 《사후생》(대화문화아카데미)과 《인생 수업》(이레)의 저자 엘리자베스 퀴블러 로스의 말대로, 예나 지금이나 죽음은 무섭고 두려운 사건이며, 우리는 여러 면에서 죽음의 공포를 극복한 듯하면서도 죽음의 공포는 여전히 인류 공통의 것으로 남아 있다.

셸리 케이건 교수는 죽음이 무거울 수밖에 없는 이유를 "죽음의 필연성-반드시 죽는다", "죽음의 가변성-얼마나 살지 모른다", "죽음의 예측불가능성-언제 죽을지 모른다", "죽음의 편재성-어디서 어떻게 죽을지 모른다"로 보았다. 이중에서 그는 특별히, 언제 죽을지 모른다는 죽음의 예측불가능성 때문에 인간은 죽음을 두려워한다고 말한다.

죽음의 실체는 도대체 무엇이기에 우리는 이토록 죽음을 두려워하는 것일까?

셸리 케이건 교수는 1995년부터 예일대에서 진행해온 교양 강좌 "DEATH"와
이를 책으로 엮은 《죽음이란 무엇인가》를 통해 큰 반향을 일으켰다.

우리 주변에 존재하는 모든 것에는 실체가 있다. 눈으로 볼 수 있고 귀로 들을 수 있으며 코로 맡을 수 있고 입으로 맛볼 수 있고 손으로 만질 수 있다. 우리, 사람들에게도 실체는 있다. 눈에 보이는 외양이라든가, 눈으로 보이진 않지만 사람 몸의 내부에 있는 장기들을 사람의 실체라 할 수 있을 것이다. 또한 그 사람이 숨기고 있거나 미처 그 사람에게서 드러나지 않는 내면이 드러났을 때 "저게 저 사람의 실체다"라고 이야기하기도 한다. 이렇듯 실체란 어떤 것의 본질적 특성을 파악할 수 있는 일면, 또는 본질적 특성 그 자체를 의미한다.

그러나 죽음만큼은 도저히 그 실체를 확인할 수 없다. 아마도, 실체를 믿지 못한다는 것이 적합한 말일 것이다. 지금 이 순간, 내가 정말로 죽을 것이라고 믿는 사람은 얼마나 될까? 이에 대해 프로이트는 이렇게 말한 바 있다.

"결국 한 사람의 죽음은 상상의 범위를 넘어서 있고, 이를 상상하려고 할 때마다 자기 자신이 한 사람의 관객으로 끼어들어 있다는 사실을 깨닫게 된다. 그러므로 심리분석 차원에서 이렇게 이야기할 수 있다. '사실은 어느 누구도 자신의 죽음을 믿지 않는다.' 또는 이렇게 표현해도 좋을 것이다. '우리 모두는 무의식 속에서 자신의 불멸을 확신하고 있다.'"

언젠가는 반드시 죽으리라는 사실을 아는데도 망각되어 있는 죽음, 또는 믿지 못하는 죽음. 하지만 죽음이라는 것을 머릿속으로 뚜렷이 의식했을 때에도 죽음에 대해 두려워하지 않는 이들이 있을까? 이에 대해 미국 애리조나대학 심리학과 제프 그린버그 교수는 다음과 같이 말한다.

"한 수업에서 학생들에게 죽음이 두렵냐고 물은 적이 있습니다. 그러자 대부분의 학생들이 '난 스무 살이야, 서른 살이야'라며 죽음이 두렵지 않다고 말했습니다. 하지만 그런 생각은 어리석죠. 누군가 우리의 머리에 총을 겨누고 있다면, 두려울 거예요. 우리는 모두 죽음을 두려워합니다."

죽음을 바로 눈앞으로 가지고 오면 모든 사람이 죽음을 두려워한다는 것이다. 그럼에도 죽음이 두렵지 않다고 말하는 사람들에 대해 미국 스키드모어대학 심리학과 셸던 솔로몬 교수는 다음과 같이 말한다.

"사실 죽음이 두렵지 않다고 응답한 사람들에게 죽음을 상기시키면 오히려 그들이 가장 방어적이 되었습니다. 그렇기 때문에 그들이 외부인들에게 가장 부정적인 사람들이기도 했지요. 어쩌면 그들이 '죽음이 두렵지 않다'고 한 말은 사실일 수도 있습니다. 하지만 거꾸로 말하자면, 사실이 아닐 수도 있습니다. 우리는 우리 마음속에 어떤 일이 벌어지고 있는지 판단할 수 있는 최선의 판단자가 아니기 때문이지요. 물론 이것은 프로이트에게서 비롯된 생각입니다. 은유적으로 표현하자면, 우리는 우리의 머릿속에서 무슨 일이 벌어지고 있는지 의식하지 못하고 있습니다."

　죽음이 두렵지 않다고 말하는 사람들조차 오히려 무의식적으로는 죽음이 불러일으키는 두려움에 방어적이기 때문에 두려움을 느끼지 않는다고 생각할 수 있다는 것이다.
　그렇다면 왜 인간은 죽음을 두려워하는 것일까?

　"많은 사람들이 자신이 자연의 일부라고는 생각하지 않습니다. 따라서 죽음이라는 것은 자신의 육체와 자아의 소멸인 셈이니 이것을 두려워하는 것은 자연스러워 보입니다."

　문화철학자 로먼 크르즈나릭은 이렇게 말한다. 죽음은 자신의 삶의 영원한 끝이라고 생각하니 가늠이 되지 않는다는 것이다. 가늠되지 않는 것에 대한 두려움은 지극히 당연하다.
　무엇보다 죽음은, 사랑하는 사람들과의 관계, 인생에서 누렸던 좋은 것들로부터 영원히 단절되게 만든다. 사후세계를 믿는 사람들조차도 사후세계를 대비하긴 하지만 여전히 삶을 가치 있게 여긴다. 그래서 사랑하는 사람들, 그리고 이 세상에서 하고 싶었던 것들, 누렸던 행복과의 이별을 두려워하는 것이다.

한편 죽음을 맞이할 즈음의 고통과, 고독하고 비인격적인 임종 순간 때문에 죽음을 두려워할 수도 있다. 숨이 끊어지기 전까지의 육체의 고통은 말할 것도 없고, 가장 안정된 휴식이 필요한 시점에 들것에 실려 구급차에 태워지고, 병원문에 도착할 때까지 사이렌 소리와 속력을 내는 엔진 소리에 시달리는 가운데 덜컹거리며 도착한 응급실에서 보내는 시간이 인간 최후의 몇 시간이 된다는 것은 그 자체가 두려움의 대상이 될 수 있다. "부산한 간호사, 심부름하는 사람, 인턴, 레지던트, 수혈병을 든 사무원, 심전도 기술자 등 오직 생명을 살려내려는 투쟁으로 인해, 우리는 기계화되고 비인간화된 죽음을 병원에서 숱하게 경험하고 있다"고 엘리자베스 퀴블러 로스는 말한다.

하지만 모든 문화권의 사람들이 죽음을 두려워하기만 하는 것은 아니다. 특정 문화권에서는 죽음을 끔찍하게 두려워하지는 않는다. 예를 들어 멕시코에서는 죽음에 대해 이야기하는 것이 보편적이다. 멕시코에서는 죽은 사람들을 기억에서 끄집어내어 그들을 반추해보는 날이 있다. 죽은 자를 위한 날인 것이다. 그들은 자신들에게 풍족한 설탕으로, 죽은 사람들을 기리기 위해 집을 꾸미고 해골도 만든다. 집을 예쁘게 꾸미기 위해 설탕 해골들을 집안에 전시해 놓기도 한다. 사람들은 그날 죽은 사람들의 영혼이 산 자를 보기 위해 이승으로 돌아온다고 믿는다. 그리고 설탕 해골로 그들을 반갑게 맞이한다.

죽음에 대한 공포는 인류 공통의 것이며 시대와 장소를 불문하는 동서고금의 것이지만 죽음과 임종 및 죽어 가는 사람들을 대하는 인간의 태도와 자세는 시대와 문화권마다 다를 수 있다. 로먼 크르즈 나릭은 죽음에 대한 인식과 삶에 대한 열정의 관계에 대해 다음과 같이 설명한다.

"역사학자들에 따르면 죽음이 강조되는 사회적 분위기 속에서 사람들은 더 열정적으로 살았다고 합니다. 물론 그들도 죽음을 두려워는 했습니다. 그러나 죽음에 관한 생각 때문에 더 근본적으로 열정적인 측면이 있었습니다. 반면 오늘날의 사회는 죽음에 대해 생각하거나 이야기하기를 꺼립니다. 따라서 삶에 대한 열정의 강도도 그만큼 떨어지는 것입니다. 많은 사람들이 텔레비전을 보면서 시간을 때우거나 만족스럽지 못한 직업을 억지로 갖는 것이 그 대표적인 예죠. 다시 말해 요즘 세태는 죽음을 우리의 삶을 비추어보는 거울로서 활용하는 기회를 저버리는 것입니다."

어쩌면 과학의 진보가 오히려 죽음에 대한 공포를 증폭시키고 죽음의 현실성을 부정하려는 경향을 짙게 했을지도 모른다. 현대 사회의 사람들은 비인간적인 기계에 둘러싸여 각종 튜브에 꽂힌 채 최후를 맞고, 잠시라도 생명을 연장하기 위한 시술로 인해 가족들과 아이들은 때로 죽음의 현장에서 제외된다. 친숙하고 정 깊은 환경 속

미국의 문화인류학자 어니스트 베커는, 그래서 인간은 영원히 살고자 하는 욕망을 담아
자신들만의 문화를 발전시켰다고 말했다. 인간은 죽음을 인정하고는 살아갈 수 없기 때문이다.

에서 가족과 사랑하는 사람들에게 둘러싸여 죽음을 맞이하고, 아이들이 집에 머무르며 임종하는 이와 이야기를 나누고, 불안을 함께 겪으면서 슬픔과 책임을 함께 나누며 죽음을 삶의 일부로 보게 했던 과거와는 다른 모습인 것이다. 이 사실은 한 사회가 죽음을 어떻게 대하는가에 따라 죽음에 대한 두려움의 강도가 달라질 수 있음을 보여 준다.

## 문명과 문화를 발전시킨 두려움

아이러니하게도 죽음에 대한 두려움은 인류를 더욱 발전시키는 데 한몫을 했다. 인류는 죽음을 극복하기 위해 '문명'을 일으켰다. 즉, 생존에 필수적인 식량을 얻기 위해 농업을 발명하고, 옷과 집을 만들기 위해 산업을 발전시키고, 질병을 치료하기 위해 의술과 약품을 개발했다. 그렇게 하면서 죽음과 좀 더 멀어지는 데, 죽음을 좀 더 지연시키는 데 성공했다.

그러나 문명의 비약적인 발전에도 불구하고 인간은 죽음의 공포로부터 완전히 벗어날 수는 없었다. 결국 언젠가는 죽게 된다는 것을 경험으로 체득했기 때문이다. 미국의 문화인류학자 어니스트 베커는, 그래서 인간은 영원히 살고자 하는 욕망을 담아 자신들만의 문화를 발전시켰다고 말했다. 인간은 죽음을 인정하고는 살아갈 수 없기 때문이다. 셀던 솔로몬 교수는 어니스트 베커의 의견에 동의한다.

> "무의식적인 방법으로 인류는 '문화'라고 지칭하는 것을 고안해 냈습니다. 문화는 공동체에서 다른 일원들과 공유하는, 인간이 고안해 낸 현실에 대한 믿음이죠. 문화는 우리가 사는 삶에 의미를 부여하고, 우리는 문화 덕분에 우리가 속한 공동체의 가치 있는 일원이라는 느낌을 갖게 됩니다."

이렇게 인간은 문명과 더불어 '문화'를 발달시켰다. 특정 문화는 그 문화적 가치 기준을 지키는 사람들을 보호해 준다. 무엇보다 문화는, '이 세상은 좋은 사람들에게는 불행한 일이 일어나지 않는 공정한 세상'이라는 생각을 심어 준다. 또한, 종교적인 의미 등으로 상징적인 불멸성을 부여해 줌으로써 문화적 가치 기준을 지키는 사람들의 안전을 약속해 준다. 이렇게 문화적 가치 기준을 지키는 것은 개인이 스스로를 자신이 속한 세상의 가치 있는 구성원으로 인식하게 하고, 이는 결국 죽음에 대한 공포에 대처할 수 있도록 도와준다.

# 2장
## 죽음에 대한 두려움이
## 야기하는 것들

죽음에 대한 두려움을 극복하기 위해 문화를 발달시켰다 하더라도 언제 어느 순간 죽음에 맞닥뜨려지게 될지 결코 알 수 없는 것이 인간의 현실이다.

그렇다면 인간에게 근본적인 두려움을 일으키는 죽음의 이미지에 노출되면 인간은 어떤 반응 양상을 보이게 될까?

과학의 진보 덕에 죽음이 지연되긴 했지만, 매체가 발달하면서 우리는 주변뿐 아니라 전 세계에서 일어나는 죽음과 관련된 소식을 더욱 자주, 그리고 생생하게 접하게 되었다. 가령 도로에서 영구차가 지나가는 것과 같이 죽음에 관한 사소한 단서에서부터, 전시상황에서 폭격으로 인한 시체나 사람들이 죽어 가는 모습을 목격하게 되는 뚜렷한 단서에 이르기까지, 우리는 죽음을 상기시키는 단서를 시시각각으로 접하게 된다.

사람들은 이렇게 피할 수 없는 죽음에 대한 두려움을 느끼면 죽음 자체를 부정하려 든다. 그러고는 무의식적으로 방어 자세를 취한다. 죽음에 대한 두려움은 사람들에게, 자신도 모르는 사이에 극단적인 판단과 행동을 하게 만드는 것이다.

미시간대학교 심리학과 윌리엄 초픽 교수는 이런 현상을 활용한 흥미로운 실험을 진행했다.

**죽음과 소비 성향의 관계에 대한 실험**

① 두 그룹으로 나뉜 사람들은 두 개의 가상 웹페이지에 접속한다.

② 하나는 '죽음 축제' 배너 광고가 있는 설문조사 페이지이고,

③ 다른 하나는 '체리 따기 축제' 배너 광고가 있는 설문조사 페이지다.

(이때 배너 광고는 1-2초 동안 짧게 노출된다.)

④ 각 웹페이지에 접속한 사람들은 시계, 펜, TV, 휴지, 카메라 등의 상품들에 얼마만큼의 돈을 쓸 의향이 있는지 적는다.

1-2초 동안 보게 되는 배너 광고가 사람들의 평가에 어떤 영향을 미칠 수 있을까?

윌리엄 초픽 교수는 죽음 축제 배너에 노출된 사람들의 평가가 그렇지 않은 그룹보다 극단적이었다고 말한다.

"우리는 참가자들에게 몇 가지 사치품을 보여 주고, 돈을 얼마나 쓸지

그 의향을 물어 보았습니다. 그러자 참가자들은 사치품에 기꺼이 많은 돈을 쓰겠다고 했죠."

각 상품의 평균가격을 알고 있지만, 죽음 축제 배너 광고를 보며, 죽음을 상기하게 된 사람들은 더욱 높은 금액의 지불의사를 보였다.

이렇게 사람들이 죽음에 관한 이미지에 노출되었을 때 훨씬 더 극단적인 판단을 내리게 되는 현상을 심리학에서는 '죽음 현저성' Mortality Salience이라 부른다. 즉, 죽음을 인지하면 평소와는 다른 판단과 행동을 하게 되는 현상이다. 사회심리학적 측면에서의 죽음 현저성은 무의식에 잠재되어 있던 죽음과 관련된 생각들을 의식으로 끌어낸다. 그리고 죽음 현저성을 통해 사람들에게 죽음이 피할 수 없는 것이라는 점을 상기시키면, 사람들의 방어적인 반응을 불러일으키게 되는 것이다.

그렇다면 죽음을 인지하게 된 사람들은 어떤 극단적인 판단을 내리게 될까?

## 죽음의 공포에 대처하는 공포관리이론

심리학에서는 죽음 현저성과 관련하여 인간이 보이는 행동 양상을 이론으로 정립해, 그 이유를 찾고 있다. 바로 공포관리이론Terror Management Theory이다.* 이 이론은 문화인류학자 어니스트 베커가 1973년에 출판한《죽음의 부정》(인간사랑)에 기초하고 있다. 이 책에서 베커는 대부분의 인간 행위가 피할 수 없는 죽음을 무시하거나 회피하려는 의도로 행해진다고 주장한다. 베커에 따르면, 자신이 완전히 소멸해 버리는 데 대한 공포는 무의식적이면서도 심오한 불안을 불러일으키기 때문에 사람들은 일생 동안 그것을 이해하기 위해 노력한다.

관리만 잘할 수 있다면 우리는 과연 죽음에 대한 공포로부터 자유로워질 수 있을까? 공포관리이론의 창시자 제프 그린버그의 설명을 들어 보자.

"베커의 관점에 따르면 우리는 자유로워질 수 없습니다. 즉, 죽음은 지구 중심에 끼어 있는 지렁이와도 같습니다. 우리는 결코 죽음으로부터 자유로워질 수 없지만 죽음을 억압하는 것은 오히려 역효과를 불러일

• 의식적으로든 무의식적으로든 모든 사람은 죽음을 두려워한다. 그러므로 이 두려움을 관리하는 것이 인류가 당면한 운명에 대한 가장 중요한 과업이다. 죽음에 대한 공포에 대처하기 위해 인간은 수많은 수단과 방법, 묘책을 발휘하여 공포를 줄이거나 제거하거나 또는 은폐하려고 시도해 왔다. 마음이 죽음의 공포에 대처하려는 것. 이것이 바로 공포관리이론의 탄생 배경이다. 죽음 현저성 효과를 설명할 수 있는 또 다른 이론이 있을 수 있지만, 현재까지 이 이론이 죽음 현저성에 대하여 가장 많이 참조되는 이론이라 할 수 있다.

공포관리이론은 인류학자 어니스트 베커가 1973년에 출판한 《죽음의 부정》에 기초하고 있다.
베커는 대부분의 인간 행위가 피할 수 없는 죽음을 무시하거나 회피하려는 의도로 행해진다고 주장한다.

으킵니다. 윌리엄 제임스도 말했듯이 공포관리이론은 죽음이 분명히 존재함에도 그것을 부인하는 인간의 심리에서부터 시작된 학문입니다."

이 말은 공포관리이론의 탄생 자체가 죽음에 대한 사람들의 잠재적 불안감을 배경으로 하고 있다는 것이다. 모든 동물은 삶을 지속하도록 하는 생물학적 체계를 가지고 있기 때문에, 우리 인간도 삶을 지속하도록 동기 부여가 되어 있다. 또한 인간은 무의식적으로 자신이 불멸의 존재라고 믿고 있기 때문에 자신의 죽음을 수용하면서는 살아갈 수 없으며 어떻게든 부정해야 한다. 그 한 가지 방법이 바로 문화에 기초한 상징적 세계관 내에서 살아가는 것이다. 이를 통해 우리는, 인간이란 죽음과 동시에 사라지는 동물 그 이상의 존재이며, 고유한 정체성을 가지고 다른 인간과 연결되어 있는 상징적 존재라고 믿게 된다. 또한 인간은 육체적인 죽음 이후에도 존재할 가능성이 있다고 믿기도 한다. 사람들이 그런 식으로 믿을 수 있도록 문화가 조성되어 있는 것이다.

다시 말해서, 공포관리이론은 우리의 행동과 믿음의 대부분이 죽음에 대한 공포에 의해 유발된다는 전제 아래, 우리가 피할 수 없는 죽음에 대한 공포에 직면했을 때 표출하는 정서적 반응을 이론적으로 설명해 주고 있다.

그렇다면 죽음에 대한 공포에 직면했을 때 인간은 어떤 정서적인 반응을 표출하는지 지금부터 탐색해 보도록 하자.

## 성적 충동이 낮아진다

성에 대해 사람들이 갖는 관심은 실로 상상을 초월한다. 성은 가장 큰 쾌락의 대상인 동시에 가장 큰 혐오와 불안의 대상이다. 성과 관련된 범죄는 차고도 넘친다. 프로이트는 인간을 움직이는 가장 기본적인 추동력을 리비도, 즉 성적 충동이라 정의하며, 당대에는 가장 논란이 되는 이론이었지만 결국 20세기의 코페르니쿠스 혁명이라 할 수 있는 정신분석학을 발전시켰다.

오래된 구설에 의하면, 성에 대한 남성의 관심은 여성보다 훨씬 강력했다. 여성에 비해 남성은 섹스에 대해 더 많이 생각하고, 더 선호하는 태도를 지니고 있으며, 더 많은 파트너와 동침하기 원한다. 또한 성적 파트너의 수를 과시하길 바라고, 엄청난 양의 포르노그래피를 소비하며, 때로 강압적으로 섹스를 하기도 하고, 성매매 여인과 성행위를 하기도 한다.

그러나 남성이 성에 대해 강력한 호감만 가지고 있는 것은 아니다. 그들은 또한 자신들의 성적 반응에 고통스러워하기도 하고, 성적 흥미를 부인하거나 성적 매력이 강하게 풍기는 여인을 비난하기도 한다.

이것은 남성들이, 성적 욕구를 일으키는 여성의 능력에 대해 강한 양가감정을 지니고 있음을 입증한다. 이들은 여성의 성적 매력에 대해 환호작약하며 자신의 성적 능력을 과시하기 위해 여성과 동침하

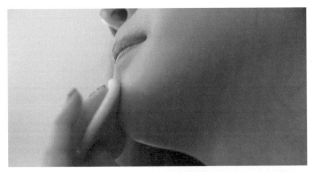

인간은 성적 자극을 느끼면서 자신들이 육체와 떼려야 뗄 수 없는
존재임을 인지하게 되고, 결국 언젠가는 죽게 될 육체를 지닌 자신들의 운명을
연상하게 되므로 성은 강한 쾌락과 동시에 강한 불안을 동반하는 것이다.

기 원하고, 자신을 매혹시킨 여성을 여신의 자리에 올려놓으며 찬양하기도 한다. 그러나 한편 성적 자극에 대해 강한 불편함과 불안, 혐오감을 느끼기도 한다. 그들은 종종 기본적인 욕구를 거세하고, 어떤 경우에는 자신들을 성적으로 자극하였다는 이유만으로 여성들을 처벌하기도 한다.

대체 성에 대한 남성의 이러한 양가감정은 어디서 기인한 것일까? 오토 랭크, 노먼 브라운, 어니스트 베커와 같은 죽음 연구자들은 하나같이 이것이 결국 '죽음이 피할 수 없는 육체의 운명'이기 때문이라고 말한다. 육체는 불멸하고자 하는 존재인 인간에게, 피할 수 없는 죽음을 끊임없이 상기시키는 것이다. 성적 자극은 그 무엇보다 인간의 육체와 연관이 있다. 인간은 성적 자극을 느끼면서 자신들이 육체와 떼려야 뗄 수 없는 존재임을 인지하게 되고, 결국 언젠가는 죽게 될 육체를 지닌 자신들의 운명을 연상하게 되므로 성은 강한 쾌락과 동시에 강한 불안을 동반하는 것이다.


## 죽음과 성적 충동의 관계

그렇다면 이제 성과 죽음의 관계를 좀 더 자세히 들여다볼 차례다. EBS 제작팀은 공포관리이론의 죽음 현저성 가설에 따라 죽음과 성적 충동 사이의 관계에 대해 실험해 보았다. 이 가설은 다음과 같다. "두렵고 무서운 죽음 이미지를 자극하면, 성적 충동에 대한 욕구가 줄어든다." 쉽게 말하면, 죽음을 인지하게 되면 성욕이 줄어드는가 하는 문제인 것이다.

## 죽음과 성적 충동의 관계에 대한 실험

실험은 다음과 같은 단계로 진행되었다. 20대 남성 스무 명을 대상으로, 제작팀은 이들에게 매력적인 여성(실험 여)을 만나게 하고 "첫인상과 친해지는 과정", "어떻게 처음 보는 사람에게 짧은 시간 안에 인상을 남기는가"를 실험 목적으로 제시했다.

① 20대 남성 참가자 스무 명을 각각 열 명씩, A와 B 두 그룹으로 나눈다.

② 남성 참가자가 실험 방으로 들어와 앉으면, 약 15초 후에 실험 여는 "이곳이 맞나요?"라고 물으며 들어온다(이때 남성 참가자는 상대가 실험 여라는 것을 모른다. 단지 자신과 같은 첫인상 평가를 위한 참가자인 줄로만 알고 있다. 실험 여는 옷차림과 향수, 화장 등을 동일하게 유지한다).

③ 잠깐 동안의 만남 후 남성 참가자와 실험 여는 설문 방으로 가서, 상대의 첫인상 평가를 한다.

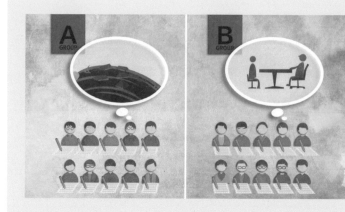

④ 설문 방에서 남성 참가자는 실험 여에 대한 평가를 한 후, A그룹은 끔찍한 사고 현장에서 맞이하게 될 자신의 죽음에 대한 글을 작성하고, B그룹은 면접 시험에 대한 글을 작성한다. 작성 후 여성에 대한 첫인상이 어땠는지 인터뷰를 진행한다.

⑤ 설문 후 다시 실험 방으로 돌아온 남성 참가자는 자리에 앉는다(남성 참가자는 실험 여도 설문을 하고 있는 줄로 안다).

⑥ 실험 여가 다시 실험 방으로 돌아오면, 이 둘에게 질문지가 주어진다. 둘은 약 4분 동안 질문지에 맞춰 서로에게 질문을 한다. 이때, 실험 여는 계속 미소를 짓고, 상대에게 친절한 제스처를 취한다.

⑦ 4분 후 이 둘은 다시 설문 방으로 돌아간다. 그리고 남성 참가자는 자신과 실험 여에 대한 평가를 한 번 더 한다.

⑧ 죽음에 대한 글쓰기를 한 그룹과 면접 시험에 대한 글쓰기를 한 그룹에게 각각 어떤 실험 결과가 나왔는지 비교한다.

글쓰기를 하기 전에 실험 여와의 첫 만남 후 그녀의 첫인상에 대해 물었을 때 남성 참가자들의 반응은 다음과 같았다.

"처음 보았을 때, '예쁘다, 세련되다'는 느낌을 받았습니다."
"예쁘셨습니다."
"외모가 예뻐서 좋았습니다."
"아, 전 만족스러웠습니다."

그런데 같은 상대인데도 실험 여에 대해 불편하게 느끼는 참가자들도 있었다.

"음…10점 만점이면 2-3점 정도?"
"처음 만났는데 옷차림이 별로였습니다."
"민망했죠. 어디에 눈을 둬야 할지 모르겠고…."
"좀 민망한 것 같기도 하고 어색하기도 했던 것 같아요."

왜 어떤 이들은 매우 행복해하고, 어떤 이들은 불편해한 것일까? 그 이유가 단지 이성을 바라보는 성향 차이 때문일까? 물론, 그 부분도 영향을 미쳤을 것이다.

그룹별로 죽음에 대한 글쓰기와 면접 시험에 대한 글쓰기를 한 이후 실험 여에 대한 남성 참가자들의 평가는 어떠할까?

"처음 만났을 땐 예쁘고 괜찮을 거라고 생각됐는데 대화하고 나니까 배려심이 없는 거 같아서 안 좋게 보게 됐어요."

"처음 봤을 때랑 그 후에 봤을 때가 느낌이 좀 다르더라고요."

"처음에는 보는 순간 매혹을 느꼈거든요. 그런데 시간이 지나니까 그냥 그렇더라고요."

"솔직히 문란했던 것 같아요. 눈을 둘 데가 없었어요. 그분이랑 계속 눈을 맞추고 대화를 해야 하는데 그분 옷차림이 너무 야해서 눈을 보고 있어도 민망했어요."

'죽음'에 대한 글쓰기를 한 그룹의 남성 참가자들의 반응이다. 이들은 실험 여에게 성적 매력을 느끼는 정도가 떨어졌다고 고백했다. 그렇다면 '면접 시험'에 대한 글쓰기를 한 그룹은 어떠할까?

"두 번째 봤을 때 더 호감이 갔습니다."

"처음엔 말 없고 도도하신 줄 알았는데 대화를 나누다 보니 저 사람한테 저런 면도 있었구나 싶고 친절하고 배려 깊더라고요. 그런 면들에 점수를 많이 줬습니다."

"말 섞어 보기 전에는 그냥 예쁜 사람이구나 생각했는데 말을 좀 해 보니까 대화할 만하다는 느낌을 받았습니다. 처음엔 약간 새침해 보이는 인상이 있었는데 이야기해 보니 딱히 그런 것도 아닌 것 같다는 생각이 들었습니다."

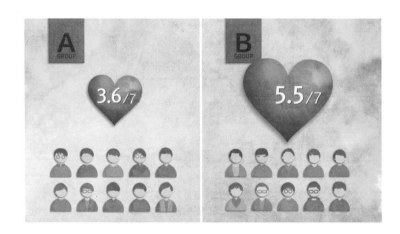

실험 여의 첫인상을 7점 만점으로 평가한 결과, 면접 시험에 대한 글쓰기를 한 B그룹의 평균은 5.5점인 반면, 죽음에 대한 글쓰기를 한 A그룹의 평균은 3.6점으로 나타났다. 죽음 현저성의 상황에 있는 남성 참가자들이 이성에 대한 평가를 낮게 한 것이다.

이 실험 결과는 무엇을 의미할까? 죽음을 직접 겪은 것도 아니고, 가까이에서 본 것도 아닌데, 죽음을 인지한 참가자들은 왜 평소와는 다른 반응을 보이는 것일까?

## 섹스와 죽음은 쌍둥이

이 실험의 최초 설계자이자 진행자인 미국 스키드모어대학 심리학과 셸던 솔로몬 교수는 그 이유를 '죽음이 주는 불편한 감정' 때문이라고 말한다.

"어니스트 베커는 자신의 저서 《죽음의 부정》에서, '섹스와 죽음은 쌍둥이'라고 말합니다. 둘 다, 사람들이 직접 드러내놓고 말하기를 꺼리는 주제이기 때문이죠. 우리는 심리적으로 알아차리든 그렇지 않든 간에 성적 관계를 드러내놓고 말하는 것을 불쾌하게 여긴다는 것입니다."

성행위가 최고의 육체적 쾌락과 만족을 줄 거라고 공공연히 선전하는 광고와 매체, 그리고 현대인의 생각과는 상당히 다른 이야기다. 왜 인간은 성행위를 잠재적으로 불편해하는 것일까?

섹스는 육체를 움직여 하는 행위다. 인간은 자신의 육체에 집중하게 되면, 자신이 동물임을 직시하게 된다. 그리고 자신이 동물임을 직시할 때, 언젠가는 죽을 것이라는 사실도 상기하게 된다.

그렇다면 여기서 말하는 성행위는 우리가 흔히 생각하는 '로맨스'와는 구분되는 것일까?

사실, 섹스를 사랑하는 사람 간의 로맨틱한 행위로 본다면 죽음 현저성은 이 부분에 크게 적용되지 않는다. 그러나 섹스를 욕정에서 비롯된 동물적인 행위쯤으로 본다면, 죽음에 대한 자각은 성적 욕구를 저하시킨다. 이에 대해, 공포관리이론의 창시자 제프 그린버그는 다음과 같이 말한다.

죽음과 성적 충동의 관계 실험을 설계한 셸던 솔로몬 교수

공포관리이론의 창시자 제프 그린버그 교수

"성관계를 육체적이고 동물적으로 생각하게 한 후 죽음을 인지하게 만들면 사람들은 성관계를 위협으로 느낍니다. 하지만 사람들에게 낭만적 사랑에 대해 생각하게 하면 성관계를 죽음과 관련된 것으로 생각하지 않습니다. 낭만적 사랑은 성관계를 덜 위협적이며, 동물적인 것 이상의, 더 인간적인 것으로 만드는 방법입니다."

육체적으로 성적 매력이 물씬 나는 여성이 유혹적으로 행동한다면 죽음의 이미지에 노출되었던 남성은 그 여성을 위협으로 인지하게 된다. 하지만 제프 그린버그는, 죽음에 대한 인식이 곧바로 성적 충동을 줄이는 것은 아니라고 말한다. 여성이 육체적으로만 섹시할수록 이에 대한 남성의 호감이 감소한다는 것이다.

"어느 연구에서 죽음 현저성에 있는 한 집단의 남성들에게는 성적으로 굉장히 자극적인 여성의 사진을 보여 주었고 마찬가지로 죽음을 인지하고 있는 다른 집단의 남성들에게는 아주 예쁘지만 보수적이고 단정하게 차려 입은 여성의 사진을 보여 주었습니다. 결과로, 죽음 현저성에 처한 남성들은 성적으로 자극적인 여성을 좋아하지 않았지만, 예쁘고 단정하게 차려 입은 여성에게는 큰 호감을 보였습니다. 죽음 현저성은 성적으로 자극적인 여성을 싫어할 뿐입니다."

죽음 현저성은 단지 육체적으로만 성적 충동을 불러일으키는 여성을 싫어하게 만든다는 것이다. 사람들에게 육체적 측면의 성을 상기시키는 것은 죽음을 의식적으로 떠올리게 만들기 때문이다. 하지만 죽음을 인지한 이후에 반드시 성관계를 원치 않는다는 것은 아니다. 그보다는 사랑의 맥락에서 더 고상하고 인간다운 모습의 성관계를 원할 것이라는 점이다.

이와 같이 성적 충동은 근원적으로 인간이 유한한 삶을 가진 동물이라는 사실을 상기시키는 요소다. 인간은 자신이 '어쩔 수 없는 동물'임을 직시할 때, 언젠가는 죽는다는 사실도 알아차리게 된다. 특히 죽음이라는 극한의 두려움과 마주하면, 죽음의 공포로부터 벗어나기 위해 자신의 성적 충동을 자극하는 이성을 무의식적으로 멀리하려 든다. 그러다 보니, 이성에 대한 평가도 낮게 나타나는 것이다.

## 동물성이 죽음을 상기시키는 이유

죽음을 인지한 사람이 성적 충동을 동물적인 것으로 생각하여 죽음을 상기하게 된다면 동물적 본능은 왜 죽음을 연상시키는 것일까? 인간 역시 스스로 죽는 존재라는 것은 모두들 알고 있지 않은가?

어니스트 베커는, 성性은 몸이고 몸은 죽음을 의미한다고 말한다. 그래서 성은 항상 복잡한 것이며 잠재적으로 위험한 것이다. 우리에게 여타 동물들과 연결되는 육체성을 상기시키는 모든 것은 잠재적

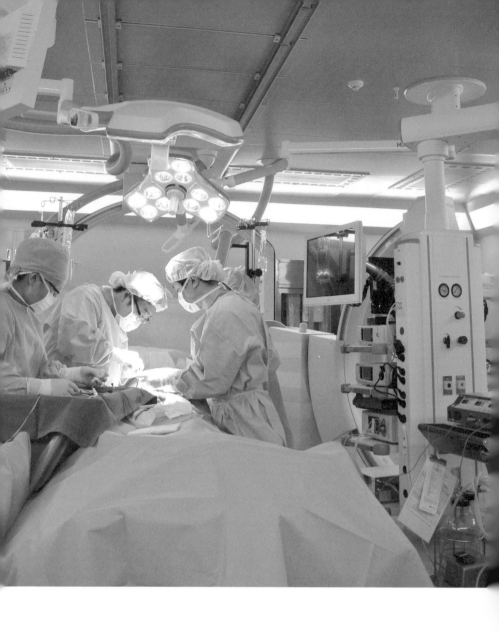

공포관리이론의 탄생 자체가 죽음에 대한 사람들의 잠재적 불안감을 배경으로 하고 있다.

으로 우리에게 죽음을 상기시키기 때문이다. 궁극적으로는, 동물은 죽고 인간은 불멸한다는 전제가 있기 때문에 이러한 생각이 가능하다.

"공포관리이론은 인간이 동물일 뿐이라는 것을 부정한다는 것입니다. 인간은 스스로 동물 이상의 존재이며 상징적인 존재라고 생각합니다. 따라서 모든 생물적인 활동은 인간이 동물 그 이상이라는 신념을 잠재적으로 위협하는 것입니다."

제프 그린버그는, 인간이 스스로 동물을 뛰어넘는 존재라는 생각이 동물성을 죽음과 연관시킨다고 말한다.

"식사를 하고 대소변을 보고 성관계를 갖는 것과 같이 육체적이고 생물적인 활동은 여타 동물들도 하는 것이죠. 공포관리이론의 관점에서 보면, 인간은 그러한 생물적인 활동을 덜 생물적이고 덜 동물적으로 만들고자 노력합니다. 그래서 우리는 이러한 활동을 더 인간답게 보이도록 표현합니다. 우리는 이러한 활동을 종교적으로 만들 수 있고 자존감의 토대로 보이도록 할 수 있습니다. 그래서 우리는 음식을 먹을 때, 꿀꿀거리며 먹지 않죠.
대개 우리는 우리가 어떤 존재인가에 대해 어떤 형식적 의례를 가지고 있습니다. 어떤 문화에서는 이런 것이 필요하고, 또 어떤 문화에서는 저런 것이 필요하죠. 그래서 우리는 이 모든 생물적인 활동을 더 복잡하며 덜 동물적이고 더 인간적인 것으로 보이도록 바꿉니다. 화장실을 이용하거나 위생 용품을 사용하는 것과 같이 우리 안의 생물적 측면은 다른 사람에게는 물론 자기 자신에게도 숨기고 싶어 하죠."

죽음 현저성의 특성 중 하나는 "인간이 좀 더 고상하고 인간다운 모습을 하기를 원한다"는 것이다. 인간이 동물과 달리 불멸의 존재가 아니라, 동물과 다를 바 없는 멸절하는 존재임을 알게 되는 순간은 바로 자신이 동물과 다를 바 없는 욕구를 가지고 있음을 인식하게 될 때다. 이렇게 인간은 동물들과 다를 바 없는 본능적 욕구를 느낄 때 죽음을 상기하게 되기 때문에, 죽음을 인지하게 된 상황에서는 본능적 욕구를 부인하려 하는 것이다.

# *3*장
# 죽음에 대한
# 방어 태세

## 자존감을 높여 주는 소비

지금까지 우리는 죽음이 왜 공포와 두려움의 대상인지, 그리고 죽음의 공포가 어떤 결과를 불러일으키는지 살펴보았다. 죽음은 이 땅에서 완전히 사라지는 것이다. 하여, 자신의 죽음을 떠올릴 때 대체적으로 자존감이 떨어지는 경향이 있다. 우리는 이런 불편한 감정을 떨쳐 버리기 위해 즉각적으로 방어 태세를 취한다. 추락한 자존감을 회복하기 위해 가장 손쉽게 택할 수 있는 방법은 무엇일까? 바로, 소비다.

죽음을 인지하게 되면, 소비는 늘어날까 줄어들까? 이것은 사실

언뜻 생각해 보면 두 가지 방향 모두로 갈 수도 있을 것 같다. 죽음이 얼마 남지 않았다고 생각하면, 죽기 전에 멋진 사치품이라도 실컷 써 보자고 생각할 수도 있을 터이고, 또 한편으로는 곧 죽을 텐데 물건이 무슨 소용이냐며 좀 더 의미 있는 곳에 돈을 쓰고자 하는 경우도 있을 것이다.

셸던 솔로몬 교수는 돈이 위협받은 심리에 대한 보상과 마찬가지라고 분석한다.

"공포관리이론에서 말하는 죽음은 떠올리는 것 자체가 우리 현실에 대한 믿음과 자존감을 위협하는 일입니다. 돈이나 일류 브랜드는 위협받은 심리에 대한 보상과도 같습니다. 이 때문에 돈은 죽음을 상징적으로 나타내고 있는 것이죠."

사람들은 더 많은 사치품들을 구매함으로써 지위를 입증하고자 하는 성향이 있다. 사치품 소비는 사람들에게 자신이 가치 있는 사람이라는 생각을 심어 주고, 죽음에 대한 불안감을 완화시키는 데 도움을 준다. 그렇다면 많은 돈을 쓰면 죽음으로부터 자유로워질 수 있을까? 이에 대해 셸던 솔로몬 교수는 말한다.

"우리가 죽음으로부터 자유로운 척은 할 수 있습니다. 그래서 자본주의를 기반으로 하는 사회에서는 돈으로 죽음을 회피하려는 움직임도 있

"죽음을 떠올리는 것 자체가 우리 현실에 대한 믿음과 자존감을 위협하는 일입니다."

죠. 저는 우리가 죽음을 멀리하기 위해 엄청난 노력을 하고 있다고 생각합니다. 하지만 이는 안타까운 눈속임에 불과한 것이죠."

사람들은 죽음에 노출되면 문화적으로 중요한 지위를 긍정해 주는 쪽으로 더 많이 기울게 된다. 죽음에 노출된다는 것은, 우리가 죽을 수밖에 없는 운명이라는 것을 상기시킨다. 그리고 그렇게 되면 우리는 우리 자신에게 의미를 부여하는 문화를 고수하게 된다. 우리에게 의미를 부여하는 문화는 가족일 수도 있고, 친구일 수도 있으며, 자기실현이나 일이 될 수도 있고, 더 고급스러운 것의 소비일 수도 있는 것이다.

공포관리이론과 마케팅을 접목하여 공포관리마케팅이라는 새로운 분야가 탄생하기도 했다. 공포관리마케팅을 연구하는 미국 애리조나주립대 마케팅학과 나오미 멘델 교수는 사치품 소비를 자존감 회복의 수단과 연결 짓는다.

"인간은 자존감이 하락했다고 느낄 때 쇼핑을 자존감 회복의 수단으로 삼습니다. 특히 사치품이나 기호품의 소비는 자존감 회복에 도움을 주죠. 개인이 사회적으로 성공했음을 보여 주는 증표가 바로 소비이니까요. 따라서 비싼 차나 좋은 시계, 집과 같은 사치품을 수집하는 것은 개인이 사회적으로 중요한 사람임을 보여 줍니다. 다시 말해서 죽은 뒤에도 무엇인가를 남기고 갈 만한 능력이 되는 인물임을 드러내는 것이죠."

사람들은 언젠가 죽을 것이라는 사실을 떠올리게 되면 '내가 과연 남들만큼 잘 살아 왔는가? 사람들이 나를 기억해 줄 것인가?'라는 생각을 하게 된다는 것이다. 그래서 성공과 사회적 위치를 나타내는 소비 성향이 높아진다는 것이다.

일례로 멘델 교수는, '렉서스' 같은 명품 브랜드의 광고주가 어떤 채널에 자신의 광고를 내야 할지 선택할 때, 살인사건을 다루는 드라마나 최신 사망사고를 전하는 뉴스 프로그램에 투자하는 것이 더 큰 광고 효과를 낼 수 있다고 말한다. 죽음을 상기시킨 후, 죽음에 대한 언급이 없는 명품 광고를 하면, 소비자가 명품을 구입할 수 있게 하는 데 매우 효과적이라는 것이다. 또한 인터넷 배너 광고의 경우라면 죽음과 관련된 기사 옆에다 광고를 내는 것이 좋다. 이렇게 죽음 현저성을 통해 우리의 선택을 이끌어내는 것이 바로, 공포관리마케팅이다.

## 사치품 소비가 반드시 자존감을 높여 줄까

그런데 죽음을 상기한 모든 사람들이 사치품을 소비하는 반응을 보이는 것일까? 사실 죽음에 대해 생각하지 않을 때에도 자본주의 사회의 많은 사람들은 사치품에 많은 돈을 소비하는 경향이 있다. 그것이 문화적으로 가치 있게 여겨지기 때문이다. 그러므로 죽음 현저성에 의해 죽음을 상기하게 된 이들은 더 그런 경향을 강하게 보이는 것이다. 이것은 문화의존적인 특성이며, 자본주의 사회의 문화를 토대로 한 특징이기도 하다. 결국, 죽음을 상기하게 된 사람들은 자신들의 문화를 옹호하고 방어하는 쪽으로 기울게 된다.

이렇듯 사람들은 자신들의 문화가 높이 평가하는 것을 가치 있게 여기며 죽음을 상기하면 그쪽으로 더 기울게 되어 있기 때문에, 그 문화가 무엇을 높이 평가하느냐에 따라 사람들의 반응에도 많은 가변성이 있다.

또한 자존감의 토대를 어느 영역에 두고 있느냐에 따라 사람들의 반응이 달라지기도 한다. 죽음에 노출되었을 때, 운전 실력에 자신감이 있는 사람은 더 빨리, 더 무모하게 운전하는 경향이 있었다. 또한 자신의 체력을 가치 있게 생각하는 사람들은 물건을 더욱 세게 움켜쥐었다. 신체적 외모에 자존감의 기반을 둔 사람은 자신의 외적인 모습에 더욱 신경을 썼다. 신심이 깊은 자들은 신이 기도에 응답해 줄 것이라는 확신을 더더욱 갖게 되었고, 무신론자는 더욱더 무신론적이 되었다.

한편, 자존감이 높은 사람들이나 높은 애착 안정성을 가진 이들은 대부분의 일반인들이 반응하는 것과는 다른 방식으로 반응한다. 그들은 지위를 갈구하지 않고, 굳이 승자가 되려고도 하지 않으며, 사치품을 소비하려 들지도 않는다. 이것은 또한 모든 문화가 소비와 지위, 승자가 되는 것에서 의미를 찾는 것은 아니라고 볼 수도 있다.

이처럼 죽음 현저성은 개인이 속한 문화에서 가치 있다고 평가되는 영역, 또는 개인이 스스로 자존감을 두고 있는 영역 쪽으로 더 추구하게끔 만드는 경향이 있다는 것을 알 수 있다.

## 내가 속한 그룹이 옳다

지금까지 죽음 현저성에 놓이면 어떤 정서적 반응이 표출되는지 살펴보았다. 사람들은 죽음에 대해 인식하게 될 때, 성적 충동이 감소되고, 사치품 소비 등을 통해 자신의 문화에서 높은 자존감을 유지할 수 있는 방법을 무의식적으로 따랐다.

그런데 실은 죽음 현저성의 상황에서 가장 두드러지게 드러나는 특성이 하나 있다. 자신이 속한 집단의 구성원에 대해 더 긍정적으로 바라보며 그 집단 밖에 있는 사람들을 더 부정적으로 바라보는 경향, 즉 내집단 편향성이다. 간단히 말하면, "내가 속해 있는 그룹이 무조건 옳다"는 신념이다.

"진화론에 따라 생물종은 주변 환경에서 죽음에 관한 단서를 접할 때, 내집단에 더 친밀감을 느끼고 죽음 관련 이미지와 연결되는 외집단에 더 적대감을 느끼는 경향이 있습니다."

영국의 이스트런던대학교 범죄학과 학장이자 공포관리이론 전문가인 앤드류 실케 교수는 내집단 편향성에 대해 이렇게 분석한다.

내집단이란 자기와 가치관, 행동 양식 등이 비슷하여 구성원 간의 애착과 일체감이 느껴지는 집단을 의미한다. 공포관리이론에서는, 죽음이 현저해지면 가장 먼저 나타나는 현상이 바로, 내집단이 무조건 옳고 바르다고 생각하는 내집단 편향성이라고 말한다.

이 이론을 증명해 보기 위해 EBS 제작팀에서는 한 가지 실험을 해 보았다.

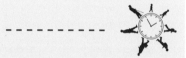

내집단 편향성 실험

① 동영상 평가 자리라고 말하고 32명의 참가자들을 모집했다.

② 그중 17명의 사람들은 끔찍한 재난 현장의 죽음 모습이 고스란히 담긴 동영상을 시청하고, "내가 만약 그 현장에 있다면 어떤 죽음을 맞게 될까?"라는 추가 질문에 답을 한다.

③ 또 다른 15명의 사람들은 익스트림 스포츠 영상을 시청하고, "내가 만약 번지점프대 위에 있다면, 어떤 느낌이 들까?"라는 추가 질문에 답을 한다.

④ 그리고 두 그룹은 국내산 물과 외국산 물 중 하나를 선택하게 된다. (이때 두 물은 같은 물이다.)

재난 관련 동영상을 시청한 사람들 17명 중 13명이 국내산 물을 선택했다. 반면 익스트림 스포츠 영상을 시청한 사람들 15명은 4명만이 국내산 물을 선택했다. 공포관리이론대로라면, 이들에게도 내집단 편향성이 나타난 것이다.

이처럼 죽음을 직면한 사람들에게는 심리변화가 나타난다. 그 심리변화는 알아차리기 힘들 만큼 미세할 때도 있지만 뚜렷할 때도 있다. 그들은 내집단과 내집단 안에 있는 것에는 더욱 동조적이 되고, 외집단에는 더욱 적대적이고 공격적으로 변한다.


## 9.11과 세월호 참사

내집단 편향성의 가장 큰 예로, 미국의 9.11 테러 사건을 들 수 있다.

2001년 9월 10일까지만 해도 조지 부시 전 대통령은 종전의 대통령들과 비교해 보았을 때 최악의 지지율을 보이고 있었다. 그러나 3주 뒤, 그는 정치적 여론 조사 결과 역대 가장 높은 지지율을 보였다. 게다가 이 지지율은 "신이 세계를 악에서 구하기 위해 나를 선택했다"는 부시의 선언 이후의 결과였다. 이에 대해 셸던 솔로몬 교수는 다음과 같이 말한다.

9.11과 세월호 참사는 미국과 한국 국민을 죽음 현저성 상태에 놓이게 했지만,
그 반응 양상은 다르게 나타났다.

"9.11이 죽음을 상기시켰기 때문에 사람들이 더욱 부시 전 대통령과 그의 정책을 옹호하게 되었다고 우리는 생각했습니다. 그리고 우리는 수십 가지 실험을 통해 이것이 사실임을 증명했죠. 다양한 곳에서 온 사람들을 선발해 일부에게는 죽음을 상기시키고 다른 일부에게는 기분 나쁘지만 치명적이지는 않은 것을 상기시킨 후, 부시 전 대통령과 그의 이라크 정책을 얼마나 지지하는지에 대해 물었습니다."

결과는 경이로울 정도였다. 통제 집단은 부시 전 대통령에 대해 열광적이지 않으나 죽음을 인지한 이들은 부시 전 대통령과 그의 정책을 명백히 지지하고 있었다.

"그때부터 우리가 알아낸 것은, 죽음을 상기시키면 정치적 편향성을 확장시킬 수 있다는 것이었습니다. 사람들은 좌편향적이 될 수도 있고, 우편향적이 될 수도 있는데, 초반에 기울어진 쪽으로 그 성향이 더욱 뚜렷해지죠."

앤드류 실케 교수는 얼마 전 우리나라에서 발생한 세월호 참사에도 공포관리이론이 적용된다고 말한다. 대규모 재난을 겪을 때마다, 혹은 많은 사람들이 목숨을 잃을 때마다, 대부분의 언론매체에서 사건을 보도하고, 모든 사람이 이를 시청하기 때문에 대다수의 사람들은 죽음 현저성 상태에 놓이게 된다. 그러므로 세월호 참사는 온 국민을 이런 죽음 현저성 상태에 놓이게 했다는 것이다.

"여러분에게는 내집단과 외집단 역학이 발생했을 겁니다. 내집단에게는, 내집단의 중요한 가치에 대한 단결성이 더 강화됩니다. 아이들, 가족의 중요성과 같은 가치가 더 높아지고, 더 긍정적으로 여겨지며, 더 높이 평가됩니다. 이들을 비난하는 사람들, 또는 내집단의 가치나 중요한 신념에 비판적인 말을 하는 사람들은 누구든지 경멸을 받을 것입니다. 그런 사람들이 외집단이 되기 때문입니다."

앤드류 실케 교수는 이번 세월호 참사의 외집단을 다른 나라에 의해 발생한 테러와 구별한다. 외집단은 사람들의 죽음에 책임이 있다고 여겨지는 사람들이다. 이에 더하여, 공포관리이론의 내집단 편향성은 기본적으로 재앙이나 테러를 근거로 한 것이다. 9.11의 경우, 테러가 원인이었기 때문에 테러리스트가 외집단이고, 미국 정부와 미국인은 내집단이 되었다. 이런 이유로 미국 사회는 정부가 포함된 내집단을 중심으로 하나로 단결했다.

그러나 세월호 참사는 어떠한가? 물론 소용돌이와 같은 자연재해가 전제가 되긴 했지만 충분히 구조될 수도 있었다는 점에서 이 사건은 인재에 가깝다.

"이번 해양참사는 다른 나라에 의해 공격을 받은 것이 아니라 나라 안에서 일어난 일입니다. 무슨 일이 일어나든지 주요 쟁점은 누구에게 잘 못이 있는가, 누구에게 책임이 있는가입니다. 누구든 책임이 있는 사람은 외집단입니다. 그것이 회사라면 회사가 비난받을 것입니다. 법을 정하고 규제를 가할 책임이 있는 정부가 역할을 하지 않았다면 정부도 비난받을 것입니다. 그들이 외집단이며, 부패하고 부정직하며 어리석은 악한 사람들입니다. 이러한 부정적 시각이 외집단에게 적용되는 것이죠."

이러한 외집단을 제외한 나머지 구성원들은 모두 내집단이 된다. 이렇게 외집단과 내집단이 나뉘면, 내집단의 결속력은 높아지고, 그에 따라 태도 역시 결정된다.

"이들은 이렇게 태도가 바뀌게 됩니다. '피해자와 피해자 주변의 지역 공동체는 정직하며 고결하고 선량한 사람들이다. 더 나은 대접을 받을 자격이 있고, 이 일이 그들에게 일어날 이유가 없었다.' 이런 태도는 대단히 확고한 것이지요."

내집단과 외집단을 나눈다 하더라도 크게 달라지는 것은 없다. 다만 내집단은 심리적 안정감을 주기 마련이다. "만약 내가 죽더라도 나와 같은 생각을 하는 사람들로 인해 마치 나의 존재가 영원할 수 있을 것"이라는 심리적 안정감을 내집단이 주기 때문이다. 그럼으로써 내집단 편향성은 개개인의 마음속에 일어난 죽음에 대한 두려움으로부터 벗어날 수 있게 도와준다.


## 언론 통제에 활용될 수 있는 내집단 편향성

그렇다면 죽음 현저성에 대해 제대로 알고 있는 정치인은 이 이론을 사람들을 통제하는 데 이용할 수 있을까?

"네, 물론입니다. 하지만 그것은 핵심가치와 일치하거나, 적어도 연관이 있어야 합니다."

앤드류 실케 교수는, 예를 들어 전 세계 테러리스트 집단의 선전이 집단의 이념과 관계없이 내용 면에서 매우 유사하다고 말한다. 그들의 선전물에는 거의 항상 죽음과 죽어 가는 것의 이미지가 포함된다. "이 죽음들은 정부의 잔혹 행위와 폭격의 결과다. 이것은 모두 정부가 한 짓이다"라는 내용을 담고 있는 것이다. 그리고 그 선전물은 매우 섬뜩한 문구로 표현되어 있다. 섬뜩한 내용을 넣는 이유는 그것이 사람들에게 더욱 감정적 반응을 유발하기 때문이다. 이는 사람들로 하여금 테러리스트의 외침에 더 동조하도록, 정부에 더 적대적이 되도록, 자살 테러나 공격을 더 원하도록 한다는 점에서 죽음 현저성을 이용한 결과다.

그렇다면 미국의 오바마 대통령은 9.11 사태 주동자인 오사마 빈 라덴이 살해되었을 당시 왜 그의 시신 사진을 공개하지 않았을까? 앤드류 실케 교수는, 이 또한 철저한 손익 계산 이후의 전략이라고 말한다.

"이미지가 주는 영향은 사람에 따라 다르기 때문이죠. 당신이 미국 청소년이라면 그 사진을 보고 미국인으로서 더 자부심을 느끼고 대통령을 더 지지하며 국기, 제도, 국가에 더 긴밀한 유대감을 느꼈을 것입니다. 반면 국가의 적에게는 적대적이고 공격적이 되었겠지요. 그러니 시신 사진을 공개하는 것은 미국인의 관점에서는 괜찮습니다. 하지만 문제는 이슬람권 국가에도 죽음 현저성 효과가 나타난다는 것입니다. 중동이나 기타 이슬람교 국가에서는 이 사진을 보고 완전히 반대되는 반응을 보이겠죠. 미국을 향한 적대감과 공격이 증가하고, 빈 라덴이 옳다고 믿는 사람, 알카에다의 외침이 옳다고 믿는 사람이 늘어날 겁니다. 즉, 알카에다의 목표에 대한 동조가 늘어나는 겁니다. 그 사진을 공개했다면 미국 여론 조사에서 오바마에 대한 지지도는 더 높이 상승했을 테지만, 그는 자국에서 얻을 이득이 해외에서 얻을 피해보다 더 크지 않다고 판단했을 겁니다."

이렇게, 죽음 현저성 상태에 놓이도록 하는 죽음과 연관된 이미지는 단서를 과격화하는 데 중요한 역할을 하기 때문에 사람들의 여론

미국의 오바마 대통령은 9.11 사태 주동자인 오사마 빈 라덴이 살해되었을 당시
왜 그의 시신 사진을 공개하지 않았을까? 앤드류 실케 교수는,
이 또한 철저한 손익 계산 이후의 전략이라고 말한다.

몰이를 할 때 이용될 가능성이 높다.

죽음을 현저하게 하면 정치, 사회 현상을 비롯해 경제 영역에서까지 사람들의 행동을 통제할 수 있다. 사람들이 현재 어느 방향에 서 있든, 죽음 현저성에 놓이면 그 방향으로 더 치우치게 마련이기 때문이다. 정부는 언제나 이것을 이용하지만, 사람들의 태도와 의견은 아주 미세하게 변화하기 때문에 사람들은 그 변화를 스스로 인식하지는 못한다. 공포관리이론은 최근에 정립된 것이기에 20세기까지는 정부가 이것을 활용하지 못했지만, 이제 정부는 어떤 내용과 이미지의 선전이 여론을 과격하게 만드는지 알고 있다고 셸던 솔로몬 교수는 말한다.

> "사람들은 죽음 현저성 상태에 놓일 때 공격적 행동이나 극단적인 행동 및 조치에 대해 지지하는 경향이 있습니다. 그렇기 때문에, 정부는 죽음 현저성 상태를 만든 후 긴급법안을 시행할 수 있습니다. 그렇게 되면 외집단으로 여겨지는 사람들에게 더욱 공격적이 되도록 만들 수 있고, 외집단의 가치는 폄하되고 괄시받게 되기 때문입니다. 반면 내집단의 문화적 가치는 훨씬 더 중요해지고 높이 평가됩니다."

역사적으로 이런 사례는 많이 찾아볼 수 있다. 예를 들면, 독일 나치가 적절한 사례다. 나치는 나치 이념, 나치 신념, 나치 제도에 많은 긍정성을 부여하는 데, 그리고 유대인이나 다른 집단 등 외집단에 대해 몹시 부정적이도록 하는 데 매우 효율적이었다. 나치는 폭력을 행사하고, 사회를 위협하며, 공격을 감행했고, 사람들을 죽이려 했다. 이러한 것이 모두 죽음 현저성을 만들어 냈고 정부는 자신들이 원하는 쪽으로 사람들을 몰아갈 수 있었다.

또 하나의 예는 사형제도다. 사형 제도는 매우 많은 논란거리가 되는 주제다. 만약 사형 제도의 유지를 원하는 정치인이라면, 즉 사형 제도 지지 입장을 견지하여 사형 제도를 찬성하는 사람들에게서 표를 얻고자 한다면, 사형 제도에 관한 이미지만 보여 주면 될 것이라고 앤드류 실케 교수는 말한다.

"시신이나 사형수의 사진일 필요도 없습니다. 교수대 의자 하나면 충분합니다. 아니면 교수형 집행인의 소식이기만 해도 되죠. 죽음을 상기시키는 이러한 사진을 보고, 사형 제도에 반대했던 사람들은 여전히 사형제도에 더욱 반대할 터이지만, 사형 제도를 찬성했던 사람들은 더욱 찬성하게 될 것입니다."

그러한 이미지를 이용하는 것만으로도 "당신이 사형 제도에 찬성한다면 제가 바로 당신의 지원을 필요로 하는 사람입니다"라는 것을 충분히 호소하는 셈이 된다.

죽음 현저성이 만들어 내는 내집단 편향성이라는 두드러진 특성은 실제로 여론 전략으로 활용될 수도 있음을 보여 주는 대목이다.

# 4장
## 좋은 죽음과
## 나쁜 죽음

## 죽음의 이미지 바꾸어 보기

우리가 의식하든 못하든 우리는 죽음과 관련된 이미지들을 도처에서 접하고 있다. 사고나 재난에 의한 끔찍한 죽음은 이성에 대한 평가를 저하시키고, 소비를 늘리며, 내가 속한 집단을 무조건 옹호하게 변화시키기도 한다.

그렇다면 죽음은 언제나 이렇듯 인간에게 부정적인 그림자만을 드리우는 것일까? 죽음이 사람들의 삶에 긍정적인 에너지를 주는 면은 없을까? 끔찍한 죽음의 이미지를 자신이 맞이하고 싶은 이상적인 죽음의 이미지로 바꾸면 결과는 어떻게 될까?

사람은 손실에 의해서 받는 충격이 이익에서 오는 만족감보다 2.5배 더 크다고 한다. 이것을 설명하는 것이 '전망 이론'이다. 전망 이론은 우리가 합리적으로 의사결정을 하고도 의사결정과는 다른 비합리적인 경제 활동을 말하는 경제학 용어다. 전망 이론의 핵심은 우리가 이익의 영역과 손실의 영역에서 각각 우리가 추구하는 가치, 느끼는 손실이 다르다는 관점이다.

공포관리이론에서 말하는 죽음은 테러에 버금가는 '무서운 것'이다. 여기서 죽음을 긍정적으로 느끼기는 힘들다. 죽음은 곧 소멸, 또는 상실이라는 인식 때문에 거의 항상 부정적으로 여겨진다. 그렇기 때문에 죽음은 어디까지나 손실의 영역으로 보인다. 그런데 전망 이론에 따르면 손실로 인한 충격이 이익으로 인한 만족감보다 더 크기 때문에, 죽음을 손실의 영역으로 상정한다면, 우리가 받는 충격은 실제보다 더 클 수밖에 없다. 그러므로 감당할 수밖에 없는 두려움은 극단적인 선택도 마다하지 않게 만드는 것이다. 이것이, 죽음이 합리적인 의사결정과는 달리 비합리적인 경제 활동에 영향을 미친다고 볼 수 있는 이유다.

그렇다면, 죽음을 손실의 영역이 아닌, 이익의 영역으로 끌어올려 볼 방법은 없을까? 그 방법은 의식적인 것이건 무의식적인 것이건 상관이 없다. 죽음을 부정적인 손실이 아닌 긍정적인 이익으로 전환시킬 방법이 있다면 그것은 무엇일까?

# 이타심 증가

이 세상 어느 누구도 죽음을 고통스럽게 맞이하기를 바라는 사람은 없을 것이다. 대부분의 사람들은 고통 없이, 나를 사랑하는 사람들이 함께해 주는 아름다운 죽음을 원할 것이다.

갑작스런 재난이나 사고사가 아닌 긍정적, 이상적인 죽음의 이미지가 우리에게 미치는 영향을 무엇일까? 이를 알아보기 위해 EBS 제작팀은 중앙대학교 심리학과 연구팀과 함께 국내 최초로 죽음이 기부에 미치는 영향에 대한 실험을 진행했다. 중앙대학교 심리학과 김재휘 교수의 설명이다.

"사람들이 흔히 볼 수 있는 사고사와 같은 이미지가 아니라 노화에 의한 자연사, 또는 임종시에 가족에게 둘러싸여 있는 편안하고 자연스러운 장면을 보여 줬습니다. 비교적 긍정적인 죽음에 대한 연상을 할 수 있도록, 자신이 맞이하고 싶은 가장 이상적인 죽음을 떠오르게 하는 포스터를 붙여 놓았죠."

## 좋은 죽음 이미지가 기부에 미치는 영향에 대한 실험

① 사람들은 지하철역사 안과 도로에 비치된 죽음 관련 포스터를 보면서 스치듯 지나가게 된다.

② 그리고 포스터와 조금 떨어진 곳에서 "베이비 박스에 버려진 아이들을 위한 모금 캠페인을 진행하고 있습니다. 버려진 아이들을 위해 캠페인에 동참해 주세요"라고 기부를 호소하는 단체를 만나게 된다.

포스터를 보며, 자신의 죽음에 대해 심도 있게 생각하는 사람들이 있는가 하면, 그냥 지나치는 사람들도 많다. 오전 10시 30분부터 오후 4시 30분까지 약 6시간 동안 진행된 기부 호소. 짧은 시간 동안, 지나치며 본 죽음 포스터가 과연 기부 행동에 영향을 미칠 수 있을까?

조건이 비슷한 두 지역에서 기부 캠페인을 벌인 결과, 이상적인 죽음 포스터가 붙어 있던 지역의 기부금액은 포스터가 없던 곳보다 약 4배 이상 모금되었다. 초록우산 어린이재단 서울지역본부 나눔 사업팀 최유진 씨는 이 결과에 대해 매우 놀라워했다.

11만원      42만원

"사실, 지역과 무관하게 모금 캠페인을 하면 10만원 정도를 크게 넘지 못했어요. 이번에 포스터가 없는 곳에서 캠페인을 진행했을 때도 마찬가지로 10만원이 조금 넘는 금액이 모아졌거든요. 그런데 포스터가 있는 곳에서 모금을 하자 42만원이라는, 4배 정도 되는 모금액이 모아졌습니다. 굉장히 놀라운 일이죠."

무엇보다 흥미로운 것은, 앞으로도 기부를 하겠느냐는 기부 의도를 묻는 설문 조사에서도 통제 집단은 22퍼센트, 실험 집단은 49퍼센트로 2배 정도 실험 집단의 기부 의도가 높았다. 이 결과에 대해 김재휘 교수는 다음과 같이 말한다.

"죽음을 통해 기부가 늘어난 것은 우리 사회에 시사하는 바가 큽니다. 우리 사회가 가지고 있는 몇 가지 문제들을 해결할 수 있다는 것을 보여 주죠. 만약 우리가 죽음이라는 주제를 부정적이지 않게 자주 접하게 되다면 우리의 삶에 상당히 좋은 영향을 미칠 거라는 결과를 얻게 된 셈입니다."

이것은 공포관리이론에서 말하는 죽음에 대한 공포가 불러일으킨 반응과는 상당히 다른 결과다. '죽음'이라는 같은 현상이지만, 우리가 어떤 이미지를 떠올리느냐에 따라, 우리에게 미치는 영향은 이토록 다른 차이를 보인다는 것을 알 수 있다.

죽음으로 삶이 송두리째 바뀐 가장 유명한 인물 중 하나는 바로, 찰스 디킨스의 소설《크리스마스 캐럴》의 주인공 스크루지일 것이다. 이 시대 최고의 자린고비 스크루지. 크리스마스 전날, 축하메시지를 전하러 찾아온 조카는 물론, 기부를 요청하는 사람들에게도 매몰차게 대한다. 그날 밤 집으로 돌아온 스크루지는 힘들고 피곤한 얼굴로, 쇠사슬을 끌고 나타난 죽은 친구 마레의 유령을 만난다. 마레는 욕심의 포로가 되면 인생의 기회를 놓치고 후회한다고 말하고, 인류를 사랑하는 일이야 말로 가치 있다고 말하며 앞으로 유령이 나타날 것이라 말한다. 그리고 그 유령들의 말을 듣지 않으면, 자신처럼 쇠사슬을 끌고 다니는 형벌을 받게 된다고 알려 준다.

그날 밤, 스크루지는 과거, 현재, 미래의 세 유령을 만나게 된다. 미래의 유령은 스크루지 영감이 맞이하게 될 외로운 죽음을 보여 준다.

죽음으로 삶이 송두리째 바뀐 가장 유명한 인물 중 하나는 바로 《크리스마스 캐럴》의 주인공 스크루지일 것이다.

그의 죽음을 슬퍼하는 이가 없고, 물건을 훔쳐가는 사람들이 보인다. 그리고 자신의 처량하기만 한 묘지를 보게 된다. 자신의 끔찍한 미래를 본 스크루지는 미래의 유령에게 다시 한 번 기회를 달라고 매달린다. "다른 사람들에게 베풀며 살겠습니다." 그렇게 자신의 잘못을 뉘우치고 울부짖으며 꿈에서 깨어나 크리스마스를 맞이한 스크루지는 지나가던 사람들에게 먼저 인사를 건네고, 거액의 기부금을 낼 뿐만 아니라, 조카의 집을 찾아가 함께 식사를 하기도 한다. 자신의 죽음을 보고 돌아온 스크루지의 삶은 이전과 180도 달라졌다. 죽음 현저성이 야기한 이타적 성향에 대해 제프 그린버그는 스크루지 이야기와 연결 지어 설명한다.

"미래의 크리스마스 유령은 죽음이 현저하도록salient 만듭니다. 이는 스크루지가 변화하는 데 영향을 줍니다. 저희는 이 이야기에서 다소 영감을 받아, 사람들에게 죽음 현저성을 상기시키면 사람들이 더 관대해지는지 그리고 실제로 자선을 더 많이 하는지를 확인하려고 했습니다. 이것이 저희가 연구한 내용이며 바로 스크루지 효과입니다."

사람들이 죽음을 긍정적 이미지로 받아들였을 때 바로 이러한 스크루지 효과가 나타났음을 알 수 있다.

# 건강에 대한 관심

우리는 건강하게 오래 살기 위해 운동을 한다. 운동은 장수하기 위해 반드시 필요한 것이기도 하다. 그런데 죽음이 좀 더 열심히 운동을 할 수 있게 도와준다는 것이 타당한가? 물론 죽음과 운동은 서로 상반된 의미를 담고 있는 듯 보여, 단번에 믿기 어려운 것이 사실이다.

죽음 이미지가 미래의 운동 의지에
미치는 영향에 대한 실험

EBS 제작팀은 이에 대해 매우 간단한 실험을 준비했다. 먼저, 건강과 직결된 헬스 클럽을 실험 장소로 선정했다. 이 실험의 주인공들은 바로 헬스 클럽 회원들이다.

① 열심히 운동을 하고 있는 회원들에게 성격 조사라 말하고, 설문에 답하도록 했다.
② 설문에 응한 사람들은 임의로 두 그룹으로 나뉘었다. 한 그룹은 자신의 이상적인 죽음에 대한 글을 쓰게 하고, 다른 한 그룹은 치통과 관련된 글을 쓰게 한다.

③ 이들은 각자 주제에 맞게 글쓰기를 한 후 '운동이 장수에 미치는 영향'과 관련된 기사를 읽는다. 그리고 평소대로 운동을 한다.

④ 운동을 마치고 나면, 미래의 운동 의지와 관련된 설문에 참여하게 된다.

자신의 이상적인 죽음을 떠올린 사람들은 정말 운동 의지가 강해졌을까?

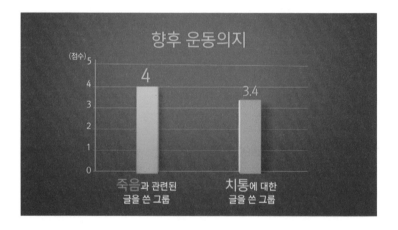

결과를 말하자면, 이 두 그룹 간의 미래 운동의지는 유의미한 차이를 보였다. 앞으로의 운동 의지를 5점 만점으로 물어 본 결과, 죽음과 관련된 글을 쓴 그룹은 4점, 치통에 대한 글을 쓴 그룹은 3.4점으로 나타난 것이다. 실험을 함께 진행한 김재휘 교수는 실험 집단의 운동 의지에 대해 말했다.

"자기 보고식으로 운동에 대한 의지가 더 높은가에 대해서 측정했는데요. 죽음 처치를 받은 실험 집단은 확실히 운동에 대한 의지를 더 분명하게 보여 주었습니다."

죽음이 운동의지뿐 아니라 실제 운동량에도 영향을 미친다는 사실을 직접 확인한 전문가가 있다. 미국 사우스플로리다대학 심리학과 제이미 골든버그 교수다.

"저희가 막 끝낸 연구 〈죽음이 건강에 미치는 영향〉에서 실제로 사람들의 운동량이 증가한 것을 확인할 수 있었습니다. 참가자들은 2주 동안 더 많은 양의 운동을 했죠. 운동하면 할수록 그들은 건강에 관한 자부심도 더 높아졌습니다. 따라서 운동의 동기뿐만 아니라 실제로 운동 행동으로 이어지는 비율도 높아졌다고 볼 수 있습니다."

이렇게 죽음은 상실이라는 부정적인 영역이 아니라 이익이라는 긍정적인 영역으로 끌어올려질 수도 있다. 그것은 같은 죽음이라도 죽음을 어떤 이미지로 받아들이느냐에 달려 있다. 그리고 이에 따라 삶은 긍정적인 방향으로, 또는 부정적인 방향으로 재편될 수도 있다.

제이미 골든버그 교수는 죽음이 운동의지뿐 아니라
실제 운동량에도 영향을 미친다는 사실을 연구와 실험으로 확인하였다.

# 공정성 강화

⬦⬦⬦⬦⬦⬦⬦⬦⬦⬦⬦⬦

죽음에 대해 인지하면 사람들에게 오히려 사회의 문화적 규범을 더 잘 지키려는 긍정적인 성향도 나타난다는 것을 보여 주는 실험이 있다.

앞서 우리는, 죽음이라는 것은 자아의 사라짐과 사회적 관계의 영원한 단절을 의미하기 때문에 죽음에 대한 생각은 사람들의 자존감을 떨어뜨린다는 주장에 대해 이미 논의한 바 있다. 이런 이유로 사람들은 훼손된 자존감을 다시 복구하기 위해서 여러 가지 반응을 보인다는 것도 함께 살펴보았다. 죽음 현저성에 놓인 사람들이 그런 반응을 보이는 이유는, 사회적 정체성을 강하게 추구하여 자신의 사회적 관계를 강화함으로써 자존감을 높이기 위한 것이다.

그런데 사회적 정체성의 추구에는 자신이 속한 사회의 문화적 규범들을 준수하는 것도 포함된다. 문화적 규범들 가운데 강력한 것은 바로 공정성이다. 사람들은 공정하지 못한 상황이 발생할 경우 문화적 규범과 가치가 훼손된 것으로 생각하여 이를 수정하기 위해 행동한다. 따라서 자신의 사회적 소속감을 확인하고 강화하고자 할 때 사람들은 공정성 규범을 강하게 따르게 된다. 죽음 현저성에 놓인 사람들은 바로 공정성을 추구하는 방식으로 자신의 사회적 소속감을 강화하고 이를 통하여 죽음에 대한 공포를 해결하려 한다.

## 죽음이 공정성 강화에 미치는
## 영향에 대한 실험

한국에서 이에 대한 흥미로운 실험이 진행된 적이 있다. 2002년 서울대 심리학과 박지선 교수와 최인철 교수가 진행한 실험에서, 이들은 58명의 대학생 참가자들을 선정하여, 각각 29명씩 죽음 현저성 집단과 통제 집단으로 구분하였다.

죽음 현저성 집단은, "당신이 죽음을 맞이할 때 당신의 육체는 어떻게 될지 생각나는 바를 적어 주십시오"라는 에세이를 작성한 후 5가지 시나리오를 제공받았다.

제시된 시나리오는 각각, 직장 승진 시험에서 불공정하게 탈락된 경우, 대학의 한 강의에서 학점 분배에 대해 공정성이 의심되는 경우, 대학입시에 영향을 미치는 내신성적에서 불이익을 당한 경우, 학급 반장 선거에서 불공정하게 선출이 취소된 경우, 마지막으로 장학금을 공정하게 수혜받지 못한 경우였다.

결과적으로 죽음에 대한 생각을 유도한 집단이 통제 집단에 비하여 불공정한 상황들을 더 불공정하다고 판단했고, 정서적으로 더 화를 냄으로써 그 상황에 대한 불만족스러움을 더욱 강하게 표현하였다.

이 결과는 죽음이 각성되면 사람들은 문화적 가치나 규범을 더욱 수호하려고 하며, 이를 위협하는 상황이 발생할 경우 부정적으로 반응한다는 것을 보여 준다. 그야말로 '정의로운' 사람이 된다는 것이다. 이 실험은 사람들이 죽음 앞에서 더욱 정의로워지고 공정성을 추구함으로써 죽음에 대한 공포를 해결하려는 것을 보여 준다. 죽음의 인식이 오히려 사회 속에서 긍정적인 방향으로 기울도록 할 수 있음을 증거하는 예라고 볼 수 있다.

## 생을 재평가하다

때로는 죽음이, 그것도 이상적인 죽음의 이미지가 아닌 혹독한 재난이 인간에게 행복감을 증진시키기도 한다. 너무 비약적이라 생각할 수도 있지만 자세히 살펴보면 전혀 그렇지 않다.

2011년 3월 일본을 덮친 쓰나미. 수많은 사람들이 목숨을 잃고, 삶의 터전도 잃었다. 자연의 힘 앞에 모든 것이 맥없이 쓰러졌다. 쓰나미는 일본 국민들은 물론, 이 장면을 지켜본 전 세계인들을 죽음 현저성에 노출시켰다.

일본의 유키코 우치다 연구팀은 2011년 3월에 발생한 일본 대지진이 일본 젊은이들에게 미친 영향을 오랜 기간에 걸쳐 조사했다. 특별히, 일본 내의 20-30대를 대상으로, 대지진 전(2010년 12월)과

대지진 후(2011년 3, 5월)에 행복감에 관한 설문을 실시했다.

"2011년 3월에 동일본대지진이 발생했는데, 마침 그 전부터 일본에서 행복감을 어떻게 생각하고 있는가에 대한 논의가 이루어지고 있었습니다. 그와 함께 국민의 행복감에 관한 조사를 하자는 움직임이 있었습니다. 대지진이 일어나기 전 2010년 12월에 행복감에 답한 사람들이 그 이후에 2011년 3월, 즉 대지진이 일어난 직후에 한 번 더 행복감에 대해 답하게 되었습니다. 그것을 분석하니 지진 전후에 행복감 또는 사고 방식이 어떻게 바뀌게 되었는지를 조사하는 연구가 되었습니다."

연구 결과, 많은 사람들의 인생관이 바뀌었다. 주위와의 관계를 한 번 더 돌아보자는 생각이나 가족을 더 소중하게 여기자는 생각, 지금 내가 존재하는 환경에 대해서 재평가해 보자는 생각 등 가치관에 변화가 일어났다. 대지진 후에 피해지 주민들에게 공감하면서 깊이 슬퍼하는 동시에 지금까지는 없는 것을 바라기만 했었는데 자신이 존재하는 환경을 되돌아보고 다시 한 번 감사하겠다는 의미로 행복감이 고조된 것이다.

여기서 행복감이라는 것은 지금 얼마나 행복을 느끼는가에 대한 감정 경험이라기보다 자신의 인생 전반에 대한 평가, 자신의 인생이 행복한가 그렇지 않은가에 대해 판단하는 지표다. 또한 변화가 있었다는 것은 대지진 후 감정경험으로는 슬픔이 극심해서 눈물이 나고 잠을 잘 잘 수 없을 정도로 괴로웠지만, 동시에 인생 전반에 대한 자신의 행복감에 대해서는 다시 바라보게 되었다는 것이다. 이것은 피해지 거주민을 대상으로 한 것이 아니라 일본 전역을 대상으로 한 조사였다.

죽음은 이렇듯 자신의 인생에 대해 돌이켜보고 성찰하고 재평가함으로써 자신이 가진 것에 감사하고 인생의 본질적인 부분을 되돌아보게 한다는 의미에서 이익의 영역으로 남을 수 있다.


우리가 지금까지 실체가 없는 줄로만 알았던 죽음은, 우리도 모르는 사이에 우리의 삶에 영향을 미치고 있었다. 죽음에 대한 맹목적인 두려움은 극단적인 판단과 행동을 하도록 유도한다. 그러나 죽음에 대한 이미지를 살짝만 바꾸면 삶에 긍정적인 에너지가 되기도 한다. 건강을 위해 열심히 운동하게 되기도 하고, 이타심을 발휘하게 되기도 한다.

사실 EBS 제작팀과 실험을 함께한 학생들은 죽음에 관한 실험을 하게 될 것이라 이야기하자 처음엔 매우 부정적인 반응을 보였다. 죽음에 관한 이야기를 입에 담고 싶지도 않고, 관련 장면을 보고 싶지도 않아했다. 지금의 편안한 삶을 방해받는 것 같아 싫다는 것이었다.

하지만 처음에 죽음에 대해 이야기하기도 꺼리던 학생들은 실험을 통해 죽음의 긍정적 이미지에 노출되고 나니 죽음이라는 주제를 자연스럽게 끄집어내어 이야기할 만하다는 생각을 가지게 되었다.

사람들은 죽음에 대하여 회피하려는 반응 또는 관리하려는 반응, 둘 중 하나의 반응을 보이는데, 죽음이 하나의 공포의 대상, 꺼림칙한 대상, 어둡고 처참하고 고통스러운 이미지로 부각되면, 회피의 반응을 보인다. 그러나 죽음이 좀 더 나은 세상으로의 여행, 안정된 마무리, 또 다른 출발과 같이 긍정적인 이미지로 부각되면 관리를 잘하려는 반응을 보인다는 것을 발견할 수 있었다.

지금까지 우리는 죽음이라는 것을, 갑작스러운 사고나 고통스러운 병사 등과 연결하여 본 적이 많았다. 실은 인간은 자연사의 경우가 매우 많은데 다양한 매체나 주변에서 자연사의 죽음을 부각시키는 경우는 드물었다. 게다가 사랑하는 가족과 헤어지는 장면이나 처참한 광경을 연상하게 했기 때문에 죽음을 긍정적으로 받아들이기 힘들 뿐 아니라 그런 일은 나와는 상관없는 일로 격리시켜 버리거나 죽음 자체로부터 회피하려는 움직임이 컸다. 처참한 대형 재난을 목격했을 때 많은 이들이 참여는커녕 눈과 귀를 막고 싶어하는 경향도 이런 움직임의 일부로 보인다.

그러나 어떤 죽음들은 우리가 계속 지켜보면서 슬퍼하고 함께 울게 하며 이타적인 행동을 불러일으키기도 한다. 비교적 수용할 만한 죽음, 그리고 자연적인 삶의 일부로서의 죽음의 이미지를 부각시켰을 때 사람들은 오히려 자기 자신에 대해 돌아볼 기회를 갖고 삶에 대해 좋은 에너지를 얻었다고 이야기했다.

다시 말하면, 사회적으로 어떤 죽음의 이미지를 형성해 나가느냐 혹은 상기시켰느냐에 따라 그 사회 구성원들의 행동이나 또는 그들이 보이는 양상들이 달라질 수 있음을 의미한다.

결국 죽음을 바라보는 주체는 바로, 우리 자신이다. 죽음의 실체는 죽음에 대해 어떠한 특정 이미지를 가지고 있는 우리 자신인 것이다.

지금 나는 죽음에 대해 어떤 이미지를 떠올리고 있는가?

# $2$부

## 비탐 애테르남: 사후세계와 의식
Vitam aeternam

죽음 뒤에 무엇이 기다리고 있을지 우리는 알지 못한다.

무엇이 있다고 믿을 뿐이고, 무엇이 없다고 믿을 뿐이다.

종교는 죽음 뒤에 무엇이 있을지 알려 주기 위해 부단히 애썼다.

그러나 아무것도 증명된 것은 없다.

죽은 자는 말이 없기 때문이다.

그러나 죽었다가 되살아난 자들이 있다.

그들은 보고 느끼고 경험한 것을 증언한다.

그리고…

그들이 희미하게 본 세계를 통해 '무엇이 있음'을 증명하려는

이들이 생겨났다.

죽어서도 의식이 남아 있다면 의식은 어디로 갈까?

죽어서도 살아남는 의식이란 과연 무엇일까?

사후세계를 과학으로 설명할 수 있을까?

이제 이 질문들의 실타래를 풀어 볼 차례다.

죽음이란 우리에게 등을 돌린,

빛이 비치지 않는 우리의 생의 측면이다.

라이너 마리아 릴케

# $5$ 장
# 근사체험이란 무엇인가

## 내가 내려다본 여자는 바로 나였다

"저는 둘째아이를 출산 중이었어요. 병원에 갔을 때까지만 해도 모든 게 정상이었죠. 그런데 갑자기 의사와 간호사들이 당황하기 시작했어요. 그들은 소아과와 산부인과 의사들을 불러댔죠. 순간 저는 침대에 누운 저 자신의 모습을 위에서 내려다보게 되었어요. 정확히 말하자면, 저를 보았다기보다 다리를 걸쇠에 올리고 침대에 누운 한 여자를 본 거죠. 주변에는 여러 사람들이 둘러서 있었어요. 저는 그 여자가 저 자신이라는 것을 깨달았어요."

죽음을 경험한 근사체험자들.
위에서부터 마흐톨드 블릭만, 미나 레이놀즈, 엘리 무르만.

네덜란드에서 심리상담소를 운영하고 있는 엘리 무르만은 현재 63세인 임사체험자다. 1978년, 27살이었던 그녀는 둘째아이를 분만 중에 평생 잊을 수 없는 강렬한 경험을 했다. 자신의 육체로부터 벗어나 다른 곳으로 빠져나가는 경험이었다.

"저는 제 딸아이가 태어나는 모습도 봤어요. 그런데 아이는 태어나자마자 바로 천에 싸여서 다른 공간으로 옮겨졌죠. 그 후에 저는 어느 터널 같은 곳을 빠른 속도로 통과했습니다. 그 끝에는 누군가가 저를 기다리고 있었어요. 그 사람은 오래전에 돌아가신 저의 아버지였죠. 아버지는 제게 손을 내미셨어요. 제가 어렸을 때 그러셨던 것처럼 함께 가자는 의미 같았어요."

엘리 무르만은, 터널 같은 곳을 통과해 자신을 기다리고 있던 아버지의 손을 잡고 아름다운 곳을 걸었다. 그곳은 알프스 목초지와 같이 눈부신 꽃들로 가득했고, 아름다운 음악도 들려오는 곳이었다. 그녀는 형언할 수 없는 사랑과 따스함을 느꼈다. 그곳은 상상했던 천국보다 아름다웠다. 그 길 끝에는 아름다운 빛이 비춰고 있었다. 그들은 그 빛을 향해 함께 걸어갔다.

"가면 갈수록 더 아름답고, 더 황홀해졌어요. 그곳엔 아픔은 존재하지 않았고, 슬픔도 없었어요. 좋은 것만 있었죠. 그런데…마지막 순간에 아버지는 제 손을 놓으시더니 그 빛을 향해 들어가셨어요. 저는 뒤쪽으로 빨려 들어갔죠. 깨어나 보니 간호사가 제 얼굴을 때리고 있더군요. 간호사는 말했어요. '의식이 돌아와서 다행이네요. 당신을 영원히 잃은 줄 알았습니다.' 그렇게 해서 저는 이 거친 세상으로 다시 돌아오게 되었죠."

## 외투를 벗듯 육신을 벗다

71세의 네덜란드인 마흐톨드 블릭만 씨 역시 엘리 무르만과 비슷한 경험을 한 근사체험자다. 그는 1975년 자신의 육체를 벗어나는 경험을 했다.

"저는 오랫동안 아팠어요. 몹시 고통스러운 상태이긴 했지만 죽을 수 있다는 생각은 안 했어요. 그런데 갑작스럽게 내가 죽었다는 걸 알았죠. 죽어 본 적은 없었지만 느낄 수 있었어요. 죽으면 모든 것이 끝이라는 것을 느끼자 너무 두려웠어요."

자신의 죽음을 알아차린 마흐톨드 블릭만 씨는 곧바로 체외이탈을 경험한다. 당시 그녀에게 이 경험은 옷을 벗는 것처럼 자연스러웠다.

"플래시가 터지는 듯한 느낌과 함께 저는 제 몸을 빠져나왔습니다. 그저 재킷을 벗듯 제 몸을 빠져나왔죠. 그러고는, 지금의 제 모습이 아닌 하나의 의식체로서 빠른 속도로 제 몸을 빠져나와 어느 나선형의 장소를 통과해서 움직였습니다."

그녀는 그 장소를 터널이 아닌, '나선'으로 설명했다. 나선형의 장소를 통과해 이른 곳은 금색과 흰색의 아름다운 빛이었다. 그와 동시에 그녀 자신의 삶이 보이기 시작했다. 한 편의 다차원적인 영화처럼 그녀의 삶이 생생하게 펼쳐졌다. 삶에서 가장 행복했던 순간과 고통스러운 순간이 눈앞을 지나갔다.

"저의 존재가 그곳에서 시작된 것 같았어요. 그곳에서 저는 매우 자유롭고 아름다웠죠. 말로 표현하기 어렵네요. 저는 그곳에 남고 싶었지만 몸으로 다시 돌아왔습니다."

그녀는 근사체험을 묘사하는 내내 눈가가 촉촉해졌다. 근사체험을 하는 동안 그녀는 지나온 자신의 삶을 보고 나서는 말할 수 없는 자유를 느꼈다. 충일함, 온전함의 느낌과 동시에 고향에 돌아온 기분이었다. 예전에 와 본 곳 같았다. 그곳은 그녀가 본디 있었던 곳, 그러니까 그녀의 기원, 그녀의 원천과도 같은 느낌이었다. 말로 표현하기 힘든 자유와 아름다움을 느낀 블릭만은 그곳에 남고 싶었다.

엘리 무르만 씨는 출산 중에 체외이탈을 경험한다. 딸과 자신의 죽음을 체외이탈을 통해 지켜보았다. 그리고 바로, 터널 같은 곳을 빠르게 통과했다.

"터널 끝에서 누군가가 저를 기다리고 있었어요. 그 사람은 오래 전에 돌아가신 저의 아버지였어요."

"아버지의 손을 잡고 아름다운 곳을 거닐었어요. 사랑과 따스함이 가득했고 천국보다 아름다웠습니다."

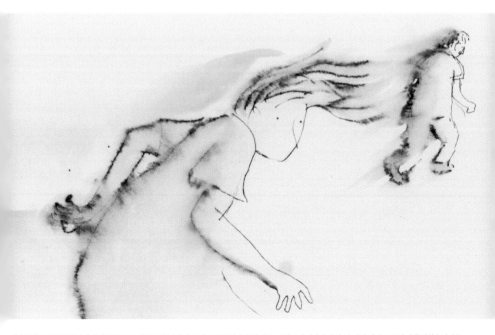

"마지막 순간에 아버지께서 제 손을 놓고 빛으로 들어가셨고 저는 뒤로 빨려 들어갔어요. 그리고 의식이 돌아와 이 거친 세상으로 다시 돌아왔습니다."

그러나 얼마 지나지 않아 자신의 몸으로 되돌아왔다.

"다시 돌아오는 것은 너무도 아픈 경험이었죠. 제 몸은 예전과 같이 병들어 있었고, 몹시 죄여 오는 코르셋에 강제로 끼워진 것 같았습니다. 하지만 그 경험은 저를 완전히 변화시켰죠. 말로 표현하기는 어렵습니다. 정말 영적인 과정이었어요."

그녀는 자신과 모든 사람들이 그곳에서 왔으며, 모든 사람은 이 땅에서 세속적인 경험을 하지만 실은 영적인 사람이라는 것을 느꼈다. 하지만 그때 당시에는 이것이 근사체험이라는 것을 깨닫지 못했다. 그런 경험을 한 사람들이 있다는 것조차 알지 못했다. 그런데 이것은 그녀의 첫 번째 경험에 불과했다.

블릭만 씨는 첫 번째 근사체험이 있은 지 1년 후에 다시 동일한 체험을 하게 된다.

"두 번째 경험은 같은 체험이긴 했지만, 심폐소생술을 더 일찍 받은 것 같아요."

그녀는 두 번째 근사체험 후 몸으로 돌아오자마자 자신이 경험한 것들을 의사에게 설명하려 애써 보았다. 하지만 의사는 죽음에 대한 두려움과 자신의 실패로 인한 낙담 때문인지, 그녀가 잘 나오지 않는 말로 애써 설명을 하려 하는 순간, 간호사를 불러 발륨Valium 주사를 놓았다. 그녀는 다시 잠들어 버렸다.

"의사도 이해하지 못하면 누가 이해할 수 있을까요? 그때 저는 이 경험을 영원히 나누지 못할 거라 생각했습니다. 육체적으로는 회복되었지만, 이런 경험 때문에 제 생각들이 변한 것 같아요."

그녀는 두 번째 근사체험 때까지만 해도 그것이 근사체험이라는 것을 알지 못했지만, 자신이 결코 묻지 않은 질문들에 대한 답을 받은 것 같았다. 그러나 그 답은 도저히 남들과 나눌 수 없는 비밀로 삼켜졌다.

## 근사체험의 분류 기준

엘리 무르만이나 마흐톨드 블릭만과 같이 의학적으로 완전히 죽었다가 다시 살아난 경험을 한 이들을 근사체험자라고 말한다. 과학자들과 의학자들이 근사체험에 관심을 갖고 연구하기 시작한 것은 그리 오래된 일이 아니다. '근사체험'near-death experience은 미국의 철학박사이자 정신과의사인 레이먼드 무디 주니어 박사가 《삶 이후의 삶》(Life After Life)이란 책에서 처음으로 사용하기 시작한 용어다.

이 책은 1975년 발간 즉시 대중의 눈길을 사로잡으며 내세에 주목하게 했다. 이후 1,300만 부라는 천문학적 숫자의 판매량을 자랑할 정도로 폭발적인 관심을 불러일으켰다. 150명의 근사체험자의 사례를 소개하는 이 책이 발간된 이래로, 많은 분야에서 근사체험을 설명하려는 과학적인 시도가 이어졌다.

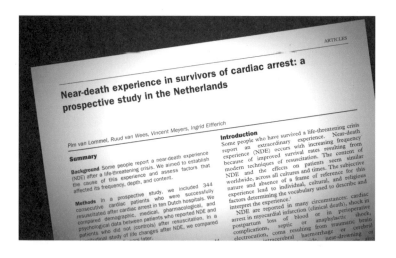

그중 네덜란드의 심장전문의 핌 반 롬멜 박사는 근사체험을 의학적으로 연구해 인정받은 전문가다. 그는 논문심사가 까다롭기로 유명한, 세계적인 의학전문 학술지 〈란셋〉에 근사체험을 과학적으로 접근한 논문을 최초로 실은 사람이기도 하다. 〈란셋〉에 발표하면, 세계적인 주목을 받게 되고, 전 세계에 통용되는 새로운 용어를 만들어 내게 된다. 2001년 〈란셋〉에 핌 반 롬멜 박사의 근사체험 논

문 '심장정지 후 다시 살아난 근사체험자'가 실리면서, 근사체험은
학계에서 과학적으로 인정받기 시작했다. 그의 연구는 1988년부터
1992년까지 약 4년 동안 10개 병원에서, 심장이 멈춘 후 기적적으
로 소생한 환자 344명을 대상으로 진행되었다. 즉, 의학적으로 '죽었
다'고 판정되었다가 되살아난 환자들을 대상으로 한 것이다. 그 결
과 18퍼센트에 해당하는 62명의 환자들이 당시 자신이 죽었다는 사
실을 기억했고, 이들 중 41명은 근사체험에서 말하는 대표적인 경험
을 했다고 증언했다.

핌 반 롬멜 박사가 연구를 시작할 당시에는 근사체험에 관한 일반
상식이라는 것이 없었다. 대중은 물론, 대부분의 과학자나 의사들도
아는 바가 전혀 없었다. 그래서 진짜 근사체험을 구분할 기준이 필
요했다.

| | 근사체험 항목<br>Elements of NDE | 빈도<br>Frequency |
|---|---|---|
| 1 | 죽었다는 주관적 느낌<br>Awareness of being dead | 31 / 50% |
| 2 | 긍정적인 감정<br>Positive emotions | 35 / 56% |
| 3 | 체외이탈<br>Out of body experience | 15 / 24% |
| 4 | 터널통과<br>Moving through a tunnel | 19 / 31% |
| 5 | 빛과 의사소통<br>Communication with light | 14 / 23% |
| 6 | 아름다운 색을 보는 경험<br>Observation of colours | 14 / 23% |
| 7 | 다른 세상이 펼쳐짐<br>Observation of celestial landscape | 18 / 29% |
| 8 | 죽은 사람과의 만남<br>Meeting with deceased persons | 20 / 32% |
| 9 | 삶의 회고<br>Life review | 8 / 13% |
| 10 | 경계와 마주함<br>Presence of border | 5 / 8% |

핌 반 롬멜 박사는 체험자들이 말하는 경험을 과학적으로 검증하기 위해 근사체험 구분 목록을 사용했다. 근사체험을 할 때 겪는 여러 항목들을 세세하게 분류하고, 중요도에 따라 점수를 매겼다. 죽었다는 사실을 알아차렸는지, 긍정적인 감정을 느꼈는지, 신체와 영혼이 분리되는 일명 유체이탈이라 불리는 '체외이탈'을 경험했는지…. 이외에도 터널을 통과하는 듯한 경험을 했는지, 커다란 빛과 마주했는지 등의 항목들이 포함되어 있다. 이 항목들로 조사해서 나온 점수에 따라 근사체험자를 분류한다. 6점 이상이면 '주요 경험'의 체험자, 10점 이상이면 '깊은' 체험자로 분류된다.

이런 근사체험을 한 사람들은 옛 삶으로 되돌아갈 수 없을 만큼 인생 전체가 바뀌게 된다. 그 짧은 2-3분 동안의 체험을 한 뒤로는 다시 체험 이전과 동일한 삶을 살 수 없게 되는 것이다. 죽음 뒤의 체험은 생의 역사를 처음부터 다시 써야 할 만큼 강렬한 것이었다.

## 근사체험 사례들의 특징

저명한 학술지 〈란셋〉에 실린 핌 반 롬멜 교수의 논문 '심장정지 후 다시 살아난 근사체험자'에는, 앞의 근사체험 사례자들인 엘리 무르만 씨와 마흐톨드 블릭만 씨의 사례가 실려 있다. 그 외에도 그의 논문에는 다양한 근사체험자들의 공통적인 특징이 담겨 있다.

# 1. 유체이탈 경험

많은 근사체험자들이 심장이 정지된 후 육체를 이탈해 외부에서 사건을 인식하는 경험을 했다. 이런 근사체험자들은 오래된 옷을 벗 듯 육체를 빠져나오고도 그 자신의 정체성을 그대로 간직하고 있었 다. 인지 능력, 감정, 그리고 매우 명료한 의식까지 그대로였다.

롬멜 박사의 논문에는 44세의 어느 청색증 환자 사례가 실려 있 다. 그는 풀밭에서 뇌사상태가 된 지 30분 만에 발견되었다. 그의 입 안에는 의치가 있었고, 간호사는 의치를 뽑아내어 카트 위에 놓았 다. 한 시간 반 후에 환자의 심장 박동과 혈압이 되돌아왔지만 여전 히 그는 뇌사상태였다. 1주일이 지나자 그는 의식이 돌아와 있었다. 그는 자신을 찾아온 간호사가 자신의 의치를 꺼내 카트 위에 둔 장 면을 정확히 기억하고 있었다. 뇌사상태에서 심폐소생술을 받고 있 었던 그는 침대 위에 누워 있던 자신을 보았고, 간호사와 의사들이 심폐소생술로 분주하던 장면을 위에서 내려다본 것이다. 게다가 그 는 자신이 심폐소생술을 받던 작은 방이 어떻게 생겼는지 구체적으 로 묘사했고 그곳에 있었던 사람들의 외양도 상세히 설명할 수 있었 다. 그는 자신의 경험에 깊은 인상을 받았고 더 이상 죽음을 두려워 하지 않았다.

# 2. 삶의 회고 경험

근사체험자들 중에는 과거에 자신이 어떻게 행동했으며 어떻게 생각했는지까지 한 번에 볼 수 있는 경험을 한 체험자들도 있다. 그런 환자들은 한눈에 자신의 인생 전체를 살펴볼 수 있다. 그러한 경험 가운데는 시공간은 존재하지 않는다. 의식이 회복될 때까지 몇 분밖에 걸리지 않지만 그 짧은 시간 가운데 그들은 자신의 삶 전부를 3차원의 파노라마처럼 볼 수 있다. 다음은 한 사례자의 증언이다.

"각각의 사건들은 선한 것인가, 악한 것인가, 인과관계는 어떠한가에 대한 통찰과 함께 이어졌죠. 나 자신의 관점에서 모든 것을 인지할 뿐만 아니라 그 사건에 관련된 다른 모든 사람들의 생각도 알 수 있었어요. 마치 그들의 생각이 내 안에 있는 것처럼요. 내가 한 행동과 생각뿐 아니라 그것이 다른 사람들에게 어떤 식으로 영향을 미쳤는지까지 깨닫게 되었어요. 마치 제가 모든 것을 볼 수 있는 눈을 가진 것처럼 사물들을 바라볼 수 있었어요. 그리고 그것이 재연되는 동안 내내 사람의 중요성이 강조되었어요. 모든 주제들이 떠오를 만큼 긴 시간이었어요. 하지만 동시에 눈 깜짝할 새 같기도 했죠. 시간과 거리는 존재하지 않는 것 같았어요. 나는 모든 공간에 동시에 존재하고 있었어요."

### 3. 죽은 이들과의 만남

어떤 근사체험자들은 이미 사망한 지인이나 친지들과 만난 경험을 했다. 그들은 외양으로 그들을 알아볼 수 있었으며, 의사소통도

할 수 있었다. 근사체험을 통해 죽은 자들의 의식과 연결되는 것 또한 가능하다. 어떤 경우는 자신이 전혀 알지 못했던 죽은 자를 만나기도 한다. 한 사례자는 근사체험 동안, 이전에는 알지 못했던 생부를 만난 경험을 고백한다.

"심장이 정지된 동안 나는 돌아가신 할머니 외에도, 나를 사랑스럽게 바라보는, 내가 알지 못하는 한 남자를 보았어요. 그 체험이 있은 지 10년 뒤에, 나의 어머니는 돌아가시는 순간에 내게 고백하셨죠. 나는 혼외 정사로 태어난 자식이라고요. 내 아버지는 강제추방당하고 2차 세계대전 때 죽은 유대인이라는 것도 알려 주셨어요. 어머니가 그의 사진을 보여 주었을 때, 나는 그가 10년 전 근사체험 때 보았던 그 남자라는 것을 즉시 알아차렸지요."

## 4. 몸으로 되돌아오는 경험

어떤 근사체험자들은 그들이 체험에서 만난 빛이나 죽은 친지와의 말 없는 의사소통을 이해하게 된 후에 머리 정수리를 통해 몸으로 되돌아온다고 증언했다. 친지들의 말 없는 대화 내용은 대개 "아직은 때가 아니다" 또는 "너는 아직 이루어야 할 일이 남아 있다"라는 내용이었다. 그들에게, 의식이 신체로 되돌아오는 경험은 매우 끔찍하게 느껴지는 것이다. 그들은 의식을 회복하면서 자신의 신체에 다시 갇힌다는 느낌을 받는다. 질병의 고통과 한계에 다시 머물게 된다는 의미다. 그들은 무조건적인 사랑과 수용에 대한 느낌뿐 아니라 깊은 지식과 앎에 대한 의식의 일부를 다시금 빼앗겼다는 것을 인식하게 된다.

"다시 의식을 회복하게 된 순간은 너무나 너무나 끔찍했습니다. 근사체험은 무척 아름다웠기 때문에 다시는 돌아오고 싶지 않았죠. 그곳에 그대로 머물러 있고 싶었어요. 하지만 결국 돌아왔습니다. 그때부터 내 육체의 한계를 짊어지고 삶을 살아간다는 게 매우 어려운 경험이 되어 버렸습니다."

## 5. 사라진 죽음의 공포

근사체험을 경험한 거의 모든 사람들이 더 이상 죽음에 대한 두려움을 갖지 않게 된다. 주변사람들이나 의사로부터 사망선고를 받았을 때조차 의식이 지속된다는 것을 깨달았기 때문이다. 생명이 없는 육체로부터 분리되지만 인지 능력은 그대로 간직한다는 것을 알게 된 것이다.

"죽음으로만 증명될 수 있는 그 무엇을 논의하는 것은 내 역량 밖입니다. 그러나 나로서는 그 경험이, 죽음 너머에도 의식이 지속된다는 것을 확신케 해주는 결정적인 경험이었죠. 죽음은 죽음이 아니라 또 다른 형태의 삶입니다. 이 경험은 내게는 축복입니다. 왜냐하면 나는 이제 몸과

정신이 분리된다는 것을 확신하고, 사후세계가 있다는 것을 확실히 알기 때문입니다."

이렇듯 근사체험자들은 모든 생각과 과거의 사건에 대한 인식과 함께 의식이 지속한다는 것을 알게 되었다. 인간은 육체 이상의 존재라는 통찰을 얻게 된 것이다.

# 6장
# 근사체험은
# 환각인가

## 이해할 수 없는 근사체험

근사체험자들의 이야기는 흥미로울 뿐 아니라 신비롭기까지 하다. 과연 그런 세상이 있을지 궁금하기도 하지만 쉽게 믿기지 않는 것도 사실이다. 그것은 근사체험자들의 가장 가까운 가족조차도 믿기 어려운 일이다.

"엘리는 그 일이 일어난 직후에 그 경험에 대해 제게 이야기해 주었지요. 그때 처음으로 그런 체험에 대해 들어 보았습니다. 저는 잘 이해가 가지 않았지만 엘리는 확신을 갖고 있었죠."

근사체험자 엘리 무르만의 남편인 한스 무르만은 아내의 체험을 인정하긴 하지만 자신이 죽음에 대해 이해하는 바는 변하진 않았다고 고백한다.

또 다른 사례인 마흐톨드 블릭만 씨 역시 아무도 그녀의 이야기를 믿어 주지 않는 데 대한 어려움을 토로했다.

"가족들도 이해하지 못했어요. 제 경험은 가족에게 아무 의미가 없었어요. '지금 무슨 소리 하고 있는 거지' 하고 그들끼리 이야기하는 걸 들었죠. 외로웠어요. 의미를 찾는 고독한 길이었죠."

이렇게 근사체험을 했다고 말하는 이들의 가족들조차도 그들의 이야기를 쉽게 받아들이지 못한다. 오히려 근사체험을 부정하는 주장들에 더 귀가 솔깃해지는 것이 자연스러운 일이다. 많은 의·과학자들은 근사체험에 대해 경험이 아니라 일종의 환각이라고 이야기한다.

미국 터프츠대학교 철학과 대니얼 데닛 교수는 근사체험을 뇌의 작용에서 비롯된 환상이라고 단언한다.

"만약 누군가가 죽은 뒤에 의식이 우주에 존재하게 된다는 생각을 믿는다면, 그건 정확한 근거가 있어서 믿는다기보다는 그저 맹목적으로 믿는 것입니다. 유체이탈은 매우 많이 연구된 주제이고, 우리는 인위적으로 이런 현상을 만들어 내는 방법을 알고 있죠. 근사체험은 환상이며 뇌의 작용일 뿐입니다."

근사체험을 어떤 특수한 상황에서 일어나는 신경세포의 작용으로 설명하는 이들도 있다. 영국 플리머스대학교 심리학과 수잔 블랙모어 교수는 뉴런 사이의 작용으로 근사체험을 정의한다.

"약물, 저산소증, 호르몬 변화를 비롯한 다른 요인들이 뇌에 영향을 줄 것입니다. 세포 억제 활동이 줄어들면서 다른 신경세포의 활동은 극대화되죠. 소위 말해 이런 과정이 근사체험과 같은 경험을 불러일으키는 것입니다."

그렇다면, 근사체험을 뇌의 착각에서 일어나는 환상이라 주장하는 사람들은 어떤 근거를 가지고 있을까?

## 뇌의 산소 결핍에 의한 현상

많은 과학자나 의학자들은 근사체험이 뇌에서 일어나는 현상임을 설명하기 위해 다양한 시도를 하고 있다. 그중 가장 신뢰받고 있는 주장은, 근사체험이 뇌의 산소 결핍에 의한 현상이라는 것이다. 미국 미시건대 마취학과 연구원 이운철 교수는, 산소 공급이 중단되어 뇌 활동이 멈춘 상태에서 체험하는 의식의 경험을 근사체험으로 정의한다.

"일반적으로 근사체험은 심장마비로 응급실에 실려 온 환자들이 심장 박동이 멈추고 뇌로의 산소 공급이 중단된 후에 뇌 활동이 없는 상태에서 경험하는 여러 가지 의식적 경험들을 말합니다. 최근 연구에 의하면 심장마비로부터 소생한 환자들 중에 20퍼센트 정도가 이런 경험을 했다는 보고가 있습니다."

원심력 테스트centrifugal force test나 중력 테스트g-force test 같은 인위적인 실험을 통해 뇌에 산소 결핍 상황을 재연하면, 피실험자들은 근사체험자들과 비슷한 경험을 했다고 말한다. 터널을 통과하고, 밝은 빛이 보였으며, 의식이 몸 밖으로 빠져나가 둥둥 떠다니는 것 같고, 아름다운 곳에 가서 편안한 기분으로 가족이나 친한 친구들을 만나는 것과 같은 경험이다. 수잔 블랙모어 박사는 이러한 경험들을 뉴런의 관계로 설명한다.

"뇌의 뉴런들이 다른 뉴런들을 자극하거나 억제할 때, 뉴런 세포들이 마구 튕겨나가기 시작하면, 가운데는 밝고 주변은 어두운 터널이 나타납니다. 이때 만약 저산소증, 마취, 공포에 의해 뉴런 세포가 더욱 많이 튕겨져 나가면 밝은 빛의 한가운데로 빨려 들어가는 느낌이 들 수도 있죠.”

블랙모어 박사와 같은 입장에 따르면, 많은 사람들의 소위 근사체험이라는 것은 실은 뇌의 산소 결핍으로 인한 환상이라는 것이다. 그들의 관점으로 보면, 근사체험은 많은 사람들의 인생에 큰 영향을 주기는 하지만 뇌에서 일어나는 현상이며, 초자연적인 현상과 죽음 이후의 삶과는 전혀 무관하다.

## 약물 투여에 따른 현상

근사체험을 설명할 때 산소 결핍 다음으로 많이 등장하는 요인은 약물 투여에 따른 환각증이다. 이때 거론되는 약물 중 가장 대표적인 것은, 보통 마취제로 이용되는 케타민ketamin과 LSD다. 수잔 블랙모어 박사는 다음과 같이 약물 투여에 따른 환각과 근사체험의 유사성에 대해 설명한다.

“환각제를 접한 환자들은 잠이 드는 과정 등에서도 터널과 빛을 볼 수 있습니다. 다양한 이유로 발생하는 환각은 터널과 소용돌이 현상을 동반합니다. 빛과 터널은 흔하게 할 수 있는 경험이기 때문에 세계적으로 비슷하게 나타나죠.”

케타민이나 LSD와 같은 약물들은 해마를 자극한다. 이때 해마는 세로토닌serotonin이라는 신경전달물질을 분비한다. 그런데 세로토닌이 해마의 신경세포에 있는 축색돌기를 통해 뇌의 측두엽을 자극하면, 이로 인해 근사체험 현상들이 발생한다는 것이다.

## 뇌 활동에 의한 착각

이외에도, 최근에는 근사체험이 '뇌 활동에 의한 착각'이라는 연구 결과를 미국 미시건대학교 이운철 교수 연구팀에서 발표했다. 이들의 실험은 각 아홉 마리씩 두 그룹의 쥐들로 진행되었다.

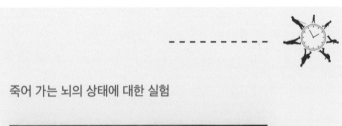

죽어 가는 뇌의 상태에 대한 실험

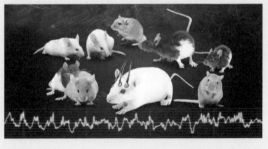

① A그룹 쥐의 뇌 여러 부위에 전극을 꽂고서, 마취된 쥐에 약물을 투여해 심장정지를 일으킨다.

② 심장정지 이후에 나타나는 쥐들의 뇌 활동을 관찰한다.

③ 연구팀은 약물로 심장정지를 일으킬 때 생길 수 있는 통증으로 인해 특이한 뇌 활동 반응이 나타날 수도 있다고 보고, 다른 B그룹의 쥐에는 통증 없는 죽음을 일으키고자 이산화탄소를 사용했다.

④ 심장이 멈춘 직후 약 4초 뒤에 뇌로 가는 산소 공급이 중단되고, 뒤이어 약 6초 후에 뇌파 파형 크기가 줄면서 4헤르츠 정도의 큰 저주파 피크 파형이 나타났다.

뇌파가 완전히 소멸하기 직전에 놀라운 일이 일어났다. 이운철 교수에 따르면, 죽음 직후 강력한 뇌파의 활동이 짧은 기간 동안 유지된다는 것이다.

"임상적 죽음, 즉 심장 박동이 멈추고 뇌파 파워가 완전히 사라지기 바로 직전에 매우 강한 정신적 활동, 특히 감마밴드의 활동이 약 20-30초 동안 유지된다는 것을 뇌파 분석을 통해서 알 수 있었습니다."

감마파는, 신경계에서 신호가 전달될 때 생기는 전기 흐름인 여러 뇌파들 중 하나로, 인간의 경우 각성과 명상처럼 높은 차원의 의식 활동과 상관관계를 지닌 뇌파로 알려져 있다. 이운철 교수는, 이 감

최근 이운철 교수 연구팀은 근사체험이 '뇌 활동에 의한 착각'이라는 연구 결과를 발표했다.
이운철 교수에 따르면, 죽음 이후 강력한 뇌파의 활동이 짧은 기간 동안 유지된다는 것이다.

마파가 20-30초가량 폭발적으로 증가할 때, 근사체험을 했다고 혼동하는 것이라 말한다. 즉, 근사체험이라는 것은 심장정지 후에 일어나는 활발한 뇌 활동에 의한 착각이라는 것이다.

"사후세계에 대한 경험도 뇌 활동에 의한 것이 아닐까 의심하게 됩니다."

이번 이운철 교수 연구팀의 실험은 '죽어 가는 뇌의 상태에 관한 첫 번째 연구'라 그 의미가 더욱 크다.

근사체험을 위와 같은 요인들로 인해 발생하는 것으로 보는 입장들의 공통점은, 근사체험자들의 경험들이 뇌에서 일어난 환상 때문이라는 것이다. 즉, 실제로 일어난 현상이라기보다는 산소 결핍이나 약물 투여, 뇌 활동의 착각으로 인한 정신적 경험이라는 것이다.

# 7장

# 근사체험과
# 의식

## 의식은 뇌 기능의 산물이 아니다

근사체험이 뇌 활동의 착각이라는 의·과학의 연구 결과들은 상당한 신빙성이 있어 보이지만 근사체험자들이 겪었던 상황과는 다소 차이가 있다. 근사체험자들은 심장이 멈추고 뇌파도 멈춘 상태, 즉 의학적으로 말하면 '완벽하게 죽은 상태'에서 특별한 경험을 했다고 말하기 때문이다.

의식을 연구하고 있는 미국 애리조나대학교 마취학과 및 심리학과 스튜어트 하메로프 교수는 저산소증과 근사체험이 확연한 차이를 보인다고 주장한다.

핌 반 롬멜 박사에 따르면, 의식은 뇌 기능으로 인한 산물이 아니다.
그에게 '의식'이란 장기간 동안 장소에 구애받지 않은 채 지속될 수 있는 것이다.

"많은 사람들이, 근사체험을 저산소증의 일종처럼 환각이라고 생각합니다. 하지만 근사체험은 저산소증 같은 증상과는 다릅니다. 일단 저산소증을 겪으면 흥분하고 혼란스러워하죠. 반면 근사체험을 겪은 사람들은 매우 고요하고, 차분하고, 평화로운 모습을 보여요."

네덜란드 심장전문의 펌 반 롬멜 박사 역시 근사체험이 단지 뇌기능으로 인한 착각이나 환각에 불과한 것이 아니라고 말한다.

"심장정지 후 18-20초 안에 뇌 기능은 완전히 멈춥니다. 심장과 뇌파가 멈춘 환자들은 흐릿하지만 지각할 수 있는 인식과 감정을 가지고 있습니다. 이것이 어떻게 가능할까요? 뇌가 멈췄을 때에도 사람들에게 의식이 남아 있기 때문입니다. 뇌의 기능이 모두 멈춘 이후의 의식은 근사체험에 대한 과학적 연구에서 매우 중요한 문제입니다."

그의 주장에 따르면, 의식은 뇌 기능으로 인한 산물이 아니다. 그에게 '의식'이란 장기간 동안 장소에 구애받지 않은 채 지속될 수 있는 것이다. 그래서 특정한 위치에 있지도 않는다. 그렇기 때문에 과거와 관련된 모든 것뿐 아니라 미래의 사건들에 대해서도 근사체험을 통해 접근이 가능하다. 근사체험에는 시간도 공간도 없으며, 근사체험자들은 고작 몇 분 안에 발생하는 사건으로 인생 전체가 바뀌는 경험을 하게 된다.

의학적으로 사망선고를 받은 사람들이, 더 이상 뇌파가 움직이지 않는 상태에서, 의식을 가지고 특별한 경험을 한 후, 그것을 기억해 두었다가 다시 깨어나 그 경험을 말한다는 것이 과연 가능한 일일까? 뇌가 멈추면 뇌가 기억을 하는 일도 불가능한 것 아닌가?

바로 이것이, 근사체험의 비밀을 풀 수 있는 가장 큰 실마리다. 이것은 '의식'과 '기억'에 관한 문제다. 근사체험에 관한 주장은, 뇌가 기능을 멈춘다 하더라도 기억을 할 수 있는 의식이 있다는 것이 가장 큰 관건이다. 그리고 바로 이 점이 과학자들이 밝혀내야 할 부분이다.

## 의식이란 무엇인가

근사체험을 '의식'이라는 열쇠로 풀어내는 것, 그리고 의식이 뇌와 관련이 없다는 것은 우리가 기존에는 들어 보지 못한 전혀 새로운 주장이라고 할 수 있다.

많은 학자들이 근사체험의 기전에 대한 이야기를 할 때 가장 중요한 부분으로 여기는 것이 바로 우리의 '의식'이다. '인간의 의식은 몸과 분리된 것인가, 몸의 일부인가?', 그리고 '의식은 어디에 존재하는 것인가?'와 같은 질문들이 주를 이룬다. 이 의식의 존재를 파악하는 것이 근사체험의 비밀을 풀 수 있는 실마리를 제공하고, 사후

의식
意識
Consciousness

'의식이란 무엇인가', '의식은 어디에 존재하는 것인가'에 대한 의견은
학자들 사이에서도 뜨거운 감자다. 때로 그들은 첨예하게 대립하기도 한다.

세계의 존재에 대한 답도 내려 줄 가능성이 높다.

그렇다면 의식이란 무엇일까? 사실, 의식을 연구하는 의·과학자들도 의식을 정의하는 데 어려움을 느낀다.

"대답하기 굉장히 어려운데요. 사실 의식이라는 것 자체도 정의하기 쉽지 않습니다."

                    - 미국 미시건대학교 마취학과 연구원 이운철 교수

"의식 작용을 설명하는 것은 어려운 문제죠. 따라서 이에 대한 다양한 의견들이 있습니다."

            - 호주 오스트레일리아국립대학교 철학과 데이비드 차머스 교수

"의식은 인간이 할 수 있는 것들의 복잡한 집합체입니다."

                  - 미국 터프츠대학교 철학과 대니얼 데닛 교수

미국의 애리조나 투손에서는 매년 4월 '의식 컨퍼런스'가 일주일가량 진행된다. 의식에 대한 답을 찾기 위해 열리는 이 컨퍼런스에는 '의학, 과학, 심리학, 철학' 등 다양한 분야의 내로라하는 학자들이 참석해 '의식이란 무엇인가'에 대한 답을 찾기 위해 회의를 한다.

'의식이란 무엇인가', '의식은 어디에 존재하는 것인가'에 대한 의

견은 학자들 사이에서도 뜨거운 감자다. 때로 그들은 첨예하게 대립하기도 한다.

"저는 전의식이 완전한 의식은 아니지만 의식을 형성하는 요소임은 틀림없다고 생각합니다."

    - 영국 옥스퍼드대학교 이론물리학자, 빅뱅이론 정립자 로저 펜로즈 경

"의식이란 정보를 이해하는 방식입니다. 뇌 속의 신경세포들과 미립자들이 복잡하게 움직이면서 정보를 처리할 때 의식이 발생하는 것이죠."

    - 미국 매사추세츠공과대학교(MIT) 물리학과 맥스 테그마크 교수

"확장된 마음이란 우리의 의식이 뇌에서 한정되어 있는 것이 아니라 환경의 영향도 받는다는 것입니다."

    - 호주 오스트레일리아국립대학교 철학과 데이비드 차머스 교수

"근본적으로 의식은 뇌의 작용입니다."

    - 미국 터프츠대학교 철학과 대니얼 데닛 교수

도대체 의식이란 것은 어디에 존재하며, 의식이란 무엇일까?

만약, 우리의 의식이 몸과 분리되어 존재한다면, 어쩌면 우리가 죽더라도 신체만 죽을 뿐 우리의 의식은 영원히 살아남을 수도 있을

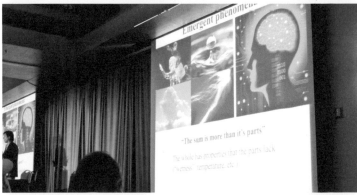

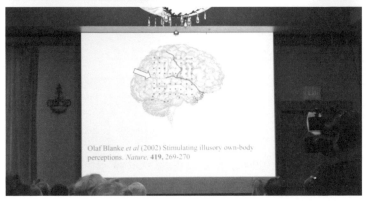

미국의 애리조나 투손에서는 매년 4월 '의식 컨퍼런스'가 열린다.
이 컨퍼런스에는 '의학, 과학, 심리학, 철학' 등 다양한 분야의 내로라하는 학자들이 참석해
'의식이란 무엇인가'에 대한 답을 찾기 위해 회의를 한다.

것이다. 즉, 영원한 삶을 살 수도 있다는 것이다. 이제 의식에 대해 본격적으로 살펴보도록 하자.

## 영원한 삶은 가능한가?

의식에 관한 전문가들은 무엇이 의식을 만든다고 생각할까? 미국 미시간대 신경외과 조지 마쉘 교수는 뇌가 의식을 만든다고 생각한다.

"저는 뇌 과학자이므로 뇌가 의식을 만든다고 생각합니다. 마취 실험에서 약을 이용하여 의식을 빼앗거나 되돌려 놓습니다. 이러한 약들은 뇌에서 효과를 발휘하죠."

수술을 해 본 경험이 있는 사람이라면, 좀 더 이해하기 쉬울 것이다. 수술을 하기 위해서는 마취를 한다. 이때, 수술을 받는 환자는 자신이 받고 있는 수술에 대한 기억을 할 수 있을까?

마취가 되었다고 해서 죽는 것은 아니다. 심장과 뇌파는 여전히 움직이고 있기 때문이다. 그런데 마취가 된 동안에는 의식이 없다. 그리고 시간이 지나면 자연스럽게 의식을 되찾게 된다. 미국 애리조나 대학의 스튜어트 하메로프 교수는 마취상태에서 환자의 뇌는 여전히 기능하고 있으며, 마취가 없애는 유일한 것은 단지 '의식'일 뿐이라고 말한다. 즉, 마취제가 의식을 없앨 수 있듯이, 우리 몸에서 의식을 떼어내는 것이 가능할 것이라는 말이다.

"마취기체들은 화학결합이나 이온결합을 형성하지 않으면서, 아주 미약한 런던힘London force이라는 상호작용을 합니다. 정확히는 런던 쌍극자 분산력dipole dispersion force이라고 부르는 것이죠. 이는 환자의 신경작용을 방해하지 않습니다. 그렇지만 환자는 마취 도중에 완전히 무의식 상태에 놓이죠. 우리는 이 잠재력을 이용할 수 있어요."

우리 몸에서 의식을 떼어내는 것이 가능하다면, 결국 의식은 우리 몸과 분리될 수 있다는 의미일 것이다.

그러나 미국 터프츠대 철학과 교수이자 과학철학 박사인 대니얼 데닛은 '의식은 근본적으로 뇌의 작용'이라 몸과 분리될 수 없는 것이라 말한다.

"근본적으로 의식은 뇌의 작용입니다. 의식은 신진대사, 호흡, 생식, 치유와 같은 생물학적인 현상입니다. 의식은 기적이 아니며 과학적으로 설명할 수 있는 육체적인 현상입니다."

미국 매사추세츠공과대MIT 물리학과 맥스 테그마크 교수 역시 '의식'에 대해서는 대니얼 데닛 박사와 의견을 같이한다. 그는 우주의 관측 한계선 너머에 우리우주와는 또 다른 우주가 셀 수 없을 정도로 많이 존재한다는 '다중우주이론'을 주장하는 대표적인 학자이기도 하다.

"인간의 의식은 정말 놀랍습니다. 우리가 여전히 이해하지 못하는 영역이기도 하죠. 의식은 뇌 안의 신경세포들과 미립자들이 복잡하게 움직이면서 정보를 이해하는 과정입니다. 한편 어떤 사람들은 의식을 설명하기 위해 양자역학과 관련된 새로운 물리학적 이론이 필요하다고 합니다. 하지만 아직도 과학자들은 의식을 정확히 설명하지 못하고 있습니다."

그가 언급한 대로, 의식은 아직 우리가 알지 못하는 것이 무궁무진한 세계다. 완벽에 가까운 미지의 세계라 해도 과언은 아니다. 그래서 의식학회에서는 "의식을 뇌의 여러 가지 활동 중 한 가지"로 보는 주장과, "의식 자체를 독립된 존재로 보아야 한다"고 주장하는 이들의 날선 대립이 이어지기 일쑤다.

특히, 이 의식 컨퍼런스를 이끌고 있는 애리조나 대학 마취과 전문의이자 심리학과 스튜어트 하메로프 교수는 맥스 테그마크 교수의 의견에 반대하는 대표적인 인물이다.

"의식이 컴퓨터처럼 복잡하다는 의견에 동의하지 않습니다. 의식은 양
　　자보다 작은 단위인 미세소관에서 발생하는 것이죠."

　스튜어트 하메로프 교수는 빅뱅이론을 정립한 영국의 옥스퍼드대
학교 이론물리학자 로저 펜로즈 경과 함께 양자물리학을 확장한, 새
로운 '의식' 이론을 창안한 인물이다. 즉, 양자물리학과 의식을 결합
시킨 학자다. 양자물리학과 의식… 언뜻 보기엔 서로 공존하기 어
려운 주제처럼 보인다. 이들의 주장을 이해하기 위해서 먼저, 양자
물리학이란 무엇인지 살펴보자.


## 양자물리학이란?

　양자역학이라고도 불리는 양자물리학은 우리 눈에 보이지 않는
아주 작은 단위를 대상으로 한다. 분자, 원자와 같이 미시세계를 대
상으로 하는 물리학의 한 영역이다. 양자물리학자 리처드 파인만은
"나는 그 누구도 양자역학을 이해하지 못한다고 마음 놓고 말할 수
있다"고 할 정도로 지금까지 우리가 가진 언어로는 양자물리학을 완
전히 이해하는 데 한계가 있다. 양자역학을 연구하는 부산대학교 물
리교육과 김상욱 교수(현 경희대학교 교수)는 양자물리학이 우리가 알
던 방식과는 전혀 다른 방식으로 작동되기 때문이라고 말한다.

우리가 가진 언어로는 양자물리학을 완전히 이해하는 데 한계가 있다.
김상욱 교수는 양자물리학이 우리가 알던 방식과는 전혀 다른 방식으로 작동되기 때문이라고 말한다.

"이 세상을 지배하는 운동법칙, 물리법칙과 완전히 다른 방식으로 작동되는 것인데요. 이를 기술하는 새로운 과학이 필요했기 때문에 양자역학이라고 부릅니다."

양자역학은 원자를 이해하려는 과정에서 나온 학문이다. 우리 주위에 보이는 모든 물질은 화학 반응을 통해 더 쪼갤 수 없는 가장 작은 단위가 나오는데 그것을 원자*라고 부른다. 한편, 양자는 물리학에서 상호작용과 관련된 모든 물리적 독립체의 최소단위를 일컫는다. 양자는 연속적인 양이 아니라 불연속적인 양, 즉 크기와 거리가 일정치 않은 모래알과 같은 알갱이로 이루어진 상태를 말한다. 이런 양자의 양은 한 개, 두 개, 세 개, 이런 식으로 띄엄띄엄 측정할 수밖에 없다. 그래서 약 100여 년 전, 막스 플랑크, 알베르트 아인슈타인, 에르빈 슈뢰딩거 등과 같은 과학자들은 세상을 구성하는 미시세계의 요소들이 바로 이렇게 띄엄띄엄 존재하는 알갱이라는 사실을 확인했다. 그리고 이런 미시세계를 구성하는 요소들이 독특한 특징을 가지고 있다는 사실도 알게 되었다. 미국 캘리포니아대 물리학과 앤드류 클리랜드 교수는 다음과 같이 양자역학의 특징을 설명한다.

● 현대 물리학의 관점에서 원자는 원자핵과 전자로 이루어져 있으며, 핵반응을 통해서는 더 작은 단위로 나뉜다. 전자는 음의 전하를 띠고 있는 기본 입자로서, 원자 내부에서 양성자와 중성자로 구성된 원자핵의 주위에 분포한다.

"양자역학의 특징은 빛이 두 곳에 동시에 존재할 수 있고, 관찰자에 의해 양자의 상태가 변한다는 것입니다. 고전물리학은 이런 특징을 설명할 수 없죠."

첫째, 미시세계의 구성요소인 양자는 입자처럼 보이는 동시에 파동처럼 보인다. 그리고 동시에 두 장소에 존재할 수 있다. 이것을 양자 중첩이라고 일컫는다. 중첩이란, '두 개가 같이 있다'는 뜻으로서, 위치뿐 아니라 상태를 의미할 수도 있다. 이해를 돕기 위해 양자를 돈으로 바꾸어 예를 들어 보겠다. 주머니에 돈이 만 원이 있는 상태와 돈이 하나도 없는 상태가 동시에 존재할 수 있다는 것이다. 그런데 주머니를 열어 보면, 만 원이 있거나 돈이 전혀 없는 상태 중 하나의 상태로만 존재한다.

둘째, 양자는 엄청난 거리로 떨어져 있어도 관찰하는 사람에 의해 그 상태가 결정된다. 그러므로 관찰자가 입자의 상태인 양자를 본다면 멀리 떨어져 있는 다른 양자도 입자의 상태로 결정되고, 파동의 상태인 양자를 본다면 멀리 떨어져 있는 다른 양자도 파동의 상태로 결정되는 것이다. 이와 같이 우리가 그것을 실제로 본다면, 다른 말로 측정한다면, 그 중첩 상태가 깨지면서 둘 중 하나의 상태로 결정되는데, 이것을 '관찰자 효과' 또는 '붕괴'라고 표현한다. 앤드류 클리랜드 교수는 양자역학의 두 가지 큰 특징인 중첩과 관찰자 효과를 다음과 같이 설명한다.

"양자역학에서 발생하는 특이한 일은 빛이 두 길을 동시에 지난다는 것뿐만 아니라 측정자가 어떤 현상이 발생하는지 보려고 하는 것이 측정하려는 양자 상태에 간섭을 일으킨다는 것입니다. 이것은 고전물리학에는 없는 현상입니다."

고전물리학은 거시세계를 보기 위한 방법이다. 고전물리학에서는 무언가가 여기에서 일어나고, 무언가가 저기에서 일어난다면 서로 관련이 없는 것이다. 그러나 양자역학은 미시세계를 설명하기 위한 방법으로서, 서로 떨어진 것들 사이에 신비한 연결이 존재한다.

"한 순간에 두 장소에 동시에 있을 수 있고, 관찰하는 사람에 의해 그 상태가 결정된다"는 양자물리학의 대표적인 두 가지 특징을 설명하는 유명한 실험이 있다. 바로 '슈뢰딩거의 고양이 실험'이다.

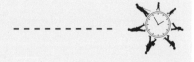

**슈뢰딩거의 고양이 실험**

① 고양이 한 마리가 상자 안에 갇혀 있다.

② 상자 안에는 방사능 검출장치와 미량의 방사성 원소가 들어 있다.

③ 방사성 원소의 원자가 한 시간 동안에 붕괴할 확률은 50퍼센트다.

④ 상자 안의 원자가 붕괴하여 방사능이 검출되면 치명적인 독가스가
흘러나오게 된다.

⑤ 미시세계에서의 원자 붕괴에 따라 거시세계의 고양이가 죽느냐, 사
느냐가 결정되는 것이다.

⑥ 한 시간 후에 고양이의 상태는 어떻게 될까?

양자물리학적으로 설명하자면, 확률적 해석에 따라 상자 속의 고
양이는 죽은 상태이기도 하면서 살아 있는 두 가지 상태로 있다가
사람이 상자를 열어 고양이의 상태를 확인하는 순간, 고양이는 살아
있거나 죽어 있는 상태, 둘 중 하나로 결정된다. 대상이 두 가지 상태

로 존재하고 있었는데, 관찰자가 확인하는 순간 한 가지 상태로 결정된 것이다. 슈뢰딩거의 고양이 실험은 양자역학의 대표적인 특징을 잘 보여 주고 있다.

## 확장된 양자물리학

그런데 생물체가 살아 있는 동시에 죽어 있는 상태로 존재하고, 관찰자가 확인하는 순간 한 가지 상태로 결정된다는 것을 우리의 언어와 사고 구조로 납득 가능하다고 말할 사람이 몇이나 될까? 사실 대부분의 사람들은 이런 이론을 듣자마자 "말도 안 돼!"라고 외칠 것이다. 양자물리학은 리처드 파인만의 말대로 인간의 언어로 표현하기에 한계가 있다. 양자물리학은 수학적으로는 매우 잘 기술될 수 있지만, 인간의 뇌가 양자물리학으로 설명할 수 있는 우주의 본질을 이해하지 못한다고 양자물리학자들은 말한다. 인간의 뇌가 지금까지 한 번도 경험적으로 이것을 이해한 적이 없기 때문이다. 그러나 양자역학은 인간이 만들어 낸 그 어떤 과학이론보다 가장 강력하고도 정확한 이론이라고 그들은 주장한다.

하지만 그렇다고 해서 모든 과학자들이 인간의 언어로 이해할 수 없는 이런 이론을 곧이곧대로 받아들이기만 한 것은 아니다. 영국의 이론 물리학자이자 수학자인 로저 펜로즈 경은 관찰하는 사람에 의해 상태가 결정되는 양자의 특징에 모순이 있다고 지적하며, 양자물리학의 확장된 해석이 필요하다고 주장한다.

"사실 슈뢰딩거는 고양이가 동시에 살아 있으면서 죽어 있을 수 있다고 말했던 것이 아닙니다. 그는 그 자신의 방정식이 이치에 맞지 않는 답을 준다는 것을 보여 주고 싶었습니다. 저는 슈뢰딩거가 그 자신의 방정식이 이야기하는 양자역학의 한계를 지적하고 있는 것이라고 생각합니다. 고양이는 동시에 살아 있으면서 죽어 있지 않습니다. 하지만 슈뢰딩거 방정식은 살아있는 동시에 죽어 있는 고양이를 얻을 수 있다고 말합니다. 따라서 양자역학에는 무언가 불완전한 것이 있습니다. 이것은 경험과의 모순이며 양자역학과 상대성이론 간의 모순이기도 합니다. 이러한 모순을 극복하기 위해 새로운 이론이 필요합니다."

그러한 모순을 극복하기 위한 새로운 이론으로서, 로저 펜로즈 경과 스튜어트 하메로프 교수는 양자물리학의 확장 개념으로 의식을 설명하는 '조화 객관 환원 이론', 즉 'Orch-or 이론'을 제시한다.

## 조화 객관 환원 이론

대부분의 사람들은 의식이 뇌 신경세포들의 복잡한 계산들로 이루어진다고 생각한다. 약 1,000억 개의 뇌 신경세포들이 시냅스에서 컴퓨터의 스위치들처럼 상호작용을 한다는 것이다. 그들은 의식이 컴퓨터처럼 고도의 복잡성에서 만들어진다고 믿는다.

그러나 영국의 로저 펜로즈 경은 의식을, 계산의 단계를 넘어 우주의 미세 스케일 구조fine scale structure와 양자물리학으로 설명할 수 있다고 주장했다. 펜로즈 경은 미시세계에 있는 객체가 스스로 상태를 결정하고 나면, 우리 관찰자는 그 상태를 확인하기만 하는 것이라고 말한다. 기존의 양자물리학의 특징인, 객체가 두 가지 상태로 동시에 존재하고, 관찰자가 확인할 때 상태가 결정한다는 이론과는 다른 설명이다. 기존의 양자물리학은, 관찰자가 언제 확인하는지에 따라 객체의 상태가 결정되기 때문에 확률이론이 등장할 수밖에 없지만, 로저 펜로즈 경이 제시하는 Orch-or 이론에서는 객체가 이미 스스로 상태를 결정하기 때문에 관찰자에 의해 그 상태가 좌우되지 않으므로 확률이론을 부정한다.

> "'Orch-or'이론에서 R Reduction은 상태의 환원을, O Objective는 양자의 객체성을 의미합니다. 양자의 객체성은 관찰자가 보는 것과 상관없이 양자 스스로 상태를 결정하는 것이죠."

즉, 미시세계에 있는 객체가 스스로 상태를 결정하고 나면, 관찰자는 단지 그 상태를 확인하는 것뿐이라는 것이다.

그렇다면 확장된 양자물리학으로 인간의 의식을 어떻게 설명할수 있는 것일까?

스튜어트 하메로프 교수는 "의식은 뇌파가 붕괴할 때마다 발생하는 양자사건"이라고 말한다. 펜로즈 경과 하메로프 교수는 인간의 의식을 두 단계로 설명하는데, 하나는 의식이 되기 전 단계의 의식인 '전前의식'이고, 이 전의식이 모인 것이 바로 '완전한 의식'이다.

두 학자가 말하는 조화 객관 환원 이론에 따르면, 뇌는 오케스트라처럼 전의식이 조화를 이루어, 완전한 의식을 만들어 낸다고 한다. 예를 들면 전의식이라는 것은 책상, 노트북, 침대 등과 같이 사물도 가지고 있는 것이다. 하지만 완전한 의식을 만들어 내는 것은 '뇌'이기 때문에 전의식이 조화를 이룬 완전한 의식은 사물이 아닌 인간이 가지고 있는 것이다.

"오크Orch; Orchestrated는 전의식이 오케스트라처럼 조화를 이루는 것을 의미합니다. 전의식의 요소들이 모여 일관된 구조를 이룰 때 진정한 의식이 생기는 것이죠. 양자역학은 이 의식의 발생과정을 설명하는 것입니다."

인간의 의식도 우주의 구조처럼 계산의 수준을 뛰어넘기 때문에 양자물리학으로 설명할 수 있다고 펜로즈 경은 말한다. 계산의 수준을 뛰어넘는 '인간의 의식'은 우주의 구조와 함께 양자물리학으로 설명할 수 있다는 것이다. 그의 생각으로는, 인간의 의식, 특히 인간의 뇌의 작용에는 계산으로 설명할 수 없는 부분이 있다.

보통 사람들의 생각으로는, 우리가 컴퓨터를 발전시킬수록 언젠가는 인공지능이 인간을 똑같이 모사할 거라는 믿음을 가지고 있다. 그러나 인간이 체스를 두는 방식과 컴퓨터가 체스를 두는 방식은 전혀 다르다. 컴퓨터는 가능한 모든 경우의 수를 늘어놓는다. 그러나 인간은 그렇게 하지 못한다. 고전적인 컴퓨터는 수백만 개의 경우를 1초도 안 되는 시간에 계산해 내지만 인간의 의식은 다른 측면이 있다. 예를 들어 짝수와 짝수를 더하여 홀수가 되는 홀수를 찾으라고 명령을 준다면 인간은, 그 명령이 틀린 명령이고 답이 없다는 것을 금세 알아차리지만, 컴퓨터는 무한한 시간을 거쳐 결코 끝나지 않을 계산을 하게 된다. 이것으로 보아, 인간의 의식에는 고전적인 컴퓨터의 계산과 다른 측면, 즉 양자 컴퓨터*와 같은 측면이 있다는 것이다.

이를 뒷받침하기 위해 하메로프 교수는 뇌세포 안에 있는 미세소관이라는 원통형 구조물에 주목했다. 뇌를 형성하고 있는 세포 안에는 작은 원통 모양의 미세소관이 있다. 하메로프 교수는 미세소관이 인간의 의식을 결정하는 곳이라고 말한다.

---

● 양자 컴퓨터란 '얽힘'이나 '중첩' 같은 양자역학적인 현상을 이용하여 자료를 처리하는 계산 기계다. 양자 컴퓨터에서 자료는 큐비트로 측정된다. 반면에 우리가 사용하는 고전적인 컴퓨터에서는 자료의 양이 비트로 측정된다. 양자 계산의 기본적인 원칙은 입자의 양자적 특성이 자료를 나타내고 구조화할 수 있다는 것과 양자적 메커니즘이 고안되어 이러한 자료들에 대한 연산을 수행할 수 있도록 만들어질 수 있다는 것에 기한다.

"로저 펜로즈가 말하는 뇌 속의 양자 컴퓨터가 미세소관일 수 있다고 생각했습니다. 그가 제시한 객관 축소의 구조가 의식 구조일 가능성이 있다는 것이죠. 그래서 우리는 뉴런 속, 미세소관의 양자 계산이 의식을 만들어 낸다는 조화 객관 환원 이론을 발전시킨 것입니다."

## 죽음 이후 의식은 우주로 이동한다

미세소관은 세포의 모양을 결정하는 특정 패턴을 형성한다. 미세소관은 세포의 신경시스템이기도 하고 세포들 간에 일어나는 일에 대한 정보와 상호작용에 대한 정보를 처리하기도 한다. 마치 컴퓨터처럼 잘 고안된 구조물이다. 하메로프 교수는 미세소관이 뇌 안에서 세포 활동을 구성하는 아주 작은 내장 컴퓨터와 같다고 주장한다. 미세소관 내의 움직임과 구조를 연구한 결과 한 번에 여러 가지 일을 처리할 수 있는 양자 컴퓨터처럼 움직이고 있다는 것을 볼 수 있었다. 하메로프 교수는 의식의 특징을 삶에 비유하여 이렇게 설명한다.

"의식과 삶의 비슷한 특징은 다양한 가능성을 가지고 있는 중첩성, 거리에 상관없는 얽힘성, 여러 개가 하나로 응축되는 일관성입니다. 의식은 많은 요소들을 하나로 모으죠."

우리는 한 장소에서 시각, 청각, 촉각, 후각 등의 형태로 정보를 얻는다. 그런데 우리가 어떤 장소나 사람을 지칭할 때는, 이런 여러 정보를 통합해서 하나의 상을 떠올려 전달한다. 스튜어트 하메로프 교수는 이러한 통합적 의식 현상이 양자 중첩에 의한 것이라 해석한다.

"의식은 출렁이는 파동과 같은 우주의 요동입니다. 따라서 의식은 우주의 근본적인 단계에 존재하는 것이죠. 의식에 관해 연구한 현상도 있지만, 주류 과학은 이 현상을 설명하지 못하기 때문에 더 깊이 연구하지 않습니다. 하지만 의식에 관한 현상들은 실제로 일어날 가능성이 있죠."

로저 펜로즈 경과 하메로프 교수가 주장하는 조화 객관 환원 이론은 아인슈타인의 상대성이론을 바탕으로 하고 있다. 아인슈타인은 물질, 에너지, 공간, 시간은 모두 특정한 배열과 우주의 조직이며 가장 작은 규모로 움직인다고 주장했다. 신경세포 내 미세소관의 양자프로세스에 의해 뇌에 연결되고 의식이 존재할 수 있는 곳도 이 레벨이라는 것이다. 이렇듯, 양자프로세스에 의해 미세소관에 의식이 존재하고, 그곳에서 근사체험이 일어나는 것이라고 하메로프 교수는 주장한다.

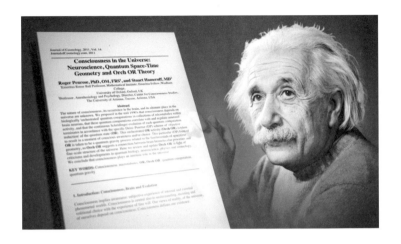

"의식은 미세소관에서 발생합니다. 시공간 기하학적 구조에서 보면 뇌 안의 미세소관 주위에서 의식이 발생하는 것이죠. 하지만 뇌 기능이 멈추면 양자 정보, 즉 시공간에서의 의식은 우주 속으로 사라집니다. 어느 한 곳에 국한되지 않고 더 깊은 단계로 이동하는 것이죠. 이때 양자 정보는 사라지지 않고 복잡하게 서로 얽히면서 영혼으로 존재하는 것입니다. 이것을 양자의 혼이라고 할 수 있죠. 이 양자 영혼은 몸 밖에 잠깐 존재했다가 환자가 살아나면 다시 몸 안으로 들어갑니다."

즉, 한 사람이 죽음을 맞이하면 그의 미세소관에 있는 양자가 밖으로 이동하는데, 그 사람에게 다시 호흡이 돌아오면, 다시 말해 사망 선고를 받은 사람이 되살아나면, 그의 양자는 다시 그 사람의 미세소관으로 되돌아온다는 것이다.

하메로프 교수는 뇌 기능이 멈추면 시공간에서의 의식은 우주 속으로 이동하는데, 의식의 양자 정보는 영혼으로 존재한다고 했다. 죽음 뒤에도 인간의 의식은 사라지지 않고 우주로 이동해 영원히 살 가능성이 있다는 것이다. 그렇다면 언젠가 우주공간도 인간의 의식들로 가득 차 포화상태가 되지 않을까? 우주공간에는 한계가 없는 것일까?

"다행히도 우주는 무한합니다. 제 생각에는 의식 자체 혹은 의식을 일으키는 것은 이미 우주 공간에 존재한다고 생각합니다. 바른 상태로 재배열하는 문제일 뿐이죠."

일반적으로 과학자들은 무수히 많은 수의 우주가 존재하고 우리는 그중 완벽한 하나의 우주에서 살고 있다고 주장하지만, 로저 펜로즈 경과 하메로프 교수는 하나의 우주가 있으며 그 우주가 점점 자라고, 끝나고, 빅뱅이 있고, 또 자라는 식으로 진화한다고 생각한다.

"저는 의식이 존재하기 위한 최상의 조건을 위해 우주가 계속해서 진화하고 있다고 생각합니다. 끊임없이 진화하며 의식을 위한 가장 최상의 조건을 만들어 나가고 있다고 생각합니다."

그렇다면 이들은 사후세계가 의식을 대체한다고 볼까? 이에 대해 하메로프 교수는 의식이 우주 그 자체는 아니라고 답한다.

"그것은 여러분이 세상을 바라보는 관점에 따라 다릅니다. 동양의 고대 학자들은 모든 것이 의식이라고 보았어요. 그리고 물리적 실체가 의식 속에 존재하는 것을 당연하다고 여겼죠. 저는 그 정도까지를 주장하는 것은 아닙니다만, 의식이 고전적classical 세계와 양자적 세계의 경계에 위치한다고 생각합니다. 실제로 우리가 생각하는 것과 다르게 움직이는 세계, 즉 양자 세계가 존재하고, 우리는 양자에서 고전으로 넘어가는 경계 즈음에 있습니다. 바로 그곳에 의식이 있죠. 의식은 우주 어디에나 있지만, 우주 그 자체는 아니라는 것입니다."

하메로프 교수는 사후세계가 무의식에 관한 것이며, 우리가 완전히 이해하지는 못하는 것이라고 말한다. 그에 따르면, 그것은 '죽음 이후의 삶'이라기보다는, '죽음 이후의 의식'이라고 말하는 것이 더 적절할 것이다. 따라서 이것은 유물론적인 입장으로 보기엔 부적절할 수 있다. 그러나 그는 유물론적인 입장을 이렇게 반박한다.

"물질은 일종의 환상입니다. 왜냐하면 물질은 원자로 되어 있는데, 이 자체가 양자역학적이었다가 고전역학적이었다가 하거든요. 유물론과 같은 것도 환상일 수 있지요."

## 여전히 논란이 되고 있는
### 양자물리학적 관점에서의 의식 설명

의식을 양자물리학으로 설명하려는 이들의 주장은 아직 많은 학자들에게 낯설다. 그래서 논란거리가 되기도 한다.

미국 터프츠대 철학과 대니얼 데닛 교수는 의식에 관한 이들의 주장이 근거 없는 환상이라고 말하고, 미국 매사추세츠 공대 물리학과 맥스 테그마크 교수는 의식은 양자와 관련이 없다고 반박한다.

"스튜어트 하메로프 교수와 로저 펜로즈 경은 양자 무작위성이 의식과 연관되어 있다고 주장하지만 무작위성이란 없습니다."

또한 미국 캘리포니아대 물리학과 앤드류 클리랜드 교수 역시 양자역학으로 분자와 의식의 관계를 설명할 가능성은 거의 없다고 말한다.

아직까지 의식과 근사체험과의 관계에 대해 과학적으로 설명하는 것은 매우 어려운 일이다. 그러나 의식의 실체가 밝혀진다면, 훗날 근사체험과 사후세계에 대한 답을 제시해 줄 수 있을지도 모른다. 하메로프 교수가 강조하는, 뇌 밖에서 의식이 존재할 가능성은 결국 사후세계의 근거가 될 수 있는 것이다.

"뇌가 의식을 어떻게 만들어 내는지 명확히 밝혀내기 전까지는 뇌 안에서만 의식이 발생한다고 확신할 수는 없습니다. 뇌 밖에서도 의식이 존재할 가능성이 있는 것이죠."

이런 입장에 반대하는 과학자들 역시, 이러한 주장에 대해 완전한 판명이 날 때까지는 옳고 그름을 판단하지 않아야 한다고 말한다. 김상욱 교수는 이렇게 말한다.

"저는 펜로즈의 이론에 동의하지 않지만 그의 이론이 미래에 옳은 이론으로 판명날 가능성에 대해서는 100퍼센트 아니라고 말할 수는 없습니다. 모든 과학자가 그렇게 이야기할 겁니다. 그것이 정말 안 된다는 확증이 나오기 전까지는 항상 마음을 열어 놓죠."

우리가 진리라 믿는 의학과 과학도 시간이 흐르면 변한다. 의식에 대한 연구는 어쩌면 코페르니쿠스의 지동설보다, 프로이트의 무의식보다 더 혁명적인 전기를 마련할지도 모른다.

어떤 과학자들은 양자역학으로 의식과 근사체험의 관계를 설명할 수 없다고 반박한다.
위에서부터 대니얼 데닛, 맥스 테그마크, 앤드류 클리랜드 교수.

# *8*장
# 근사체험과
# 사후세계

## 삶을 바꾼 근사체험

과학적으로 명확하게 설명할 수는 없지만, 한 가지 분명한 사실은 근사체험을 한 후 체험자들의 삶이 극적으로 변했다는 것이다. 1980년부터 국제 근사체험연구회를 설립해 근사체험에 대한 연구를 현재까지 이어 오고 있는 일본 교토대학교 칼 베커 교수는, 근사체험은 육체가 죽은 후에도 의식은 죽지 않는다는 것을 입증하는 것이며, 근사체험으로 인해 체험자들의 삶에 많은 변화가 일어났음을 발견할 수 있었다고 말한다.

"죽음에서 살아 돌아온 많은 사람들은 인생관이 달라집니다. 근사체험은 우리 인생에 커다란 영향을 주죠."

베커 교수는, 근사체험 후 체험자들의 삶이 대개 긍정적으로 변했다고 말한다. 죽음에 대한 두려움이 사라졌기 때문이다. 그들의 인생의 목적은 더 이상 힘이나 세력을 얻는 것이 아니라 타인을 돕고, 세계가 더 친밀해지도록, 더 자비롭고 정다워지도록, 서로 더 협력하도록 돕는 것이 된다고 그는 말한다.

변화의 양상은 사람마다 조금씩 다르지만 대부분의 사람들은 긍정적인 근사체험을 한다. 근사체험자 엘리 무르만 역시 자신의 인생관이 근사체험 이후 전혀 달라졌다고 고백한다.

"인생을 대하는 태도가 달라지고 삶의 우선순위가 바뀌었어요. 근사체험에서 조건없는 사랑을 경험하면 현실로 돌아온 이후에도 누군가에게 조건없는 사랑을 받고 싶어지죠."

근사체험 전에는 삶의 우선순위가 좋은 직업, 차, 돈 등 물질이었는 데 반해, 지금은 '조건 없는 사랑'이 최우선이 되었다는 그녀. 그래서 체험 후 조건 없는 사랑을 나누기 위해 심리상담소를 운영하기 시작했다.

그녀의 남편 한스 무르만 역시 아내가 근사 체험 후 더욱 차분해

죽음학의 대가 칼 베커 교수(위)와 저명한 심장전문의인 핌 반 롬멜 박사(아래)는 근사체험자들의
삶이 대부분 긍정적으로 변한다고 말한다. 죽음에 대한 두려움이 사라졌기 때문이다.
그들은 더 이상 권력이나 세력을 얻는 것이 아니라 타인과의 평화를 추구하게 된다는 것이다.

지고 신뢰로 가득 채워진 것 같다고 증언한다.

"엘리는 사랑으로 다른 사람들을 더 많이 품게 되었어요."

네덜란드의 핌 반 롬멜 교수 역시 근사체험이 삶에 큰 영향을 미친다는 입장에 동의한다. 그러나 근사체험자 중에는 삶에 부정적인 양상을 보이는 경우도 있다고 말한다.

"대부분의 사람들, 거의 98퍼센트 정도가 긍정적인 근사체험을 합니다. 그러나 긍정적인 경험을 한 체험자 중 50퍼센트나 되는 분들이 부정적인 측면도 가지게 됩니다."

모든 근사체험이 긍정적인 영향만을 미치는 것은 아니다. 평소에는 할 수 없었던, 신체를 빠져나가는 이상한 경험과 어두운 터널로 들어가는 것이 어떤 이에게는 끔찍하고 소름끼치는 공포스러운 경험이 될 수도 있기 때문이다. 그러나 어둡고 무서운 터널을 지나 바로 만나게 되는 빛은 이내 안정감과 평화를 느낄 수 있게 한다. 그리고 이때 느낀 감정은 우리가 일상생활에서는 느낄 수 없었던 매우 황홀한 경험이기도 하다.

세상으로 다시 돌아온 체험자들은 근사체험을 한 이후에는 다른 시각으로 세상을 보게 되는데, 여기에는 긍정적인 측면과 부정적인

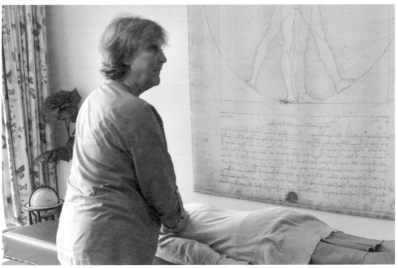

마흐톨드 블릭만 씨는 근사체험 경험으로 인한 가정불화를 극복하고,
현재는 몸의 스트레스 완화 방법을 연구하며 이를 통해 사람들을 치유하는 일을 하고 있다.
근사체험 이전과는 전혀 다른 삶이다.

측면이 모두 있다.

"근사체험자들은 예전과 다른 사람이 되어 돌아오기 때문에 긍정적인 부분뿐 아니라, 부정적인 측면도 가질 수 있습니다. 저는 근사체험 중 겪게 되는 무아경의 상태를 다시 느끼고자 자살을 시도하려 했던 환자들도 여럿 보았습니다."

영국의 정신의학 전문의 피터 펜윅 박사는, 근사체험을 하는 동안 느꼈던 황홀함과, 일상으로 돌아와 느끼게 된 감정과 현실 사이의 괴리감을 극복하지 못해 극단적인 선택을 하는 체험자들도 있다고 말한다. 그만큼 근사체험 동안 느낀 감정은 상상을 초월하고, 말로 형언할 수 없을 정도의 황홀경이라는 것이다. 근사체험 직후, 마흐톨드 블릭만 씨에게도 생각하지 못한 일이 일어났다.

"그 변화들은 제 결혼생활에 큰 문제들을 주었고 결국 저는 이혼을 했습니다."

그러나 이 괴리감을 잘 이겨 낸다면, 전혀 다른 삶의 세계가 펼쳐진다. 체험자들은 스스로도 자신의 변화를 알아차리고 만족하게 된다. 블릭만 씨는 비록 가정 생활의 불화를 겪게 되었지만, 개인적으로는 이전보다 훨씬 좋은 결과를 얻었다고 말한다. 그녀는 현재 몸의 스트레스를 완화하는 방법에 대해 연구하고 있고, 사람들을 치유하는 일을 하고 있다. 근사체험 이전과는 전혀 다른 삶이다.

> "생각이 깊어지고 관심사도 다양해졌으며 삶이 더 풍요로워졌죠. 근사체험은 저에게 소중한 경험이에요. 저는 그 경험에 깊이 감사하고 있습니다."

사후세계 존재 여부와 체험자들이 어떤 근사체험을 했느냐에 상관없이 그들의 삶에 엄청난 영향을 끼쳤다는 것만은 분명하다.

근사체험은 여전히 수많은 의·과학자들에게는 충분히 입증되지 않는 논란거리로 남아 있다. 많은 체험자들은 근사체험 이후 사후세계를 믿게 되었다고 말하지만 과학자들은 그 체험이 사후세계를 증명하는 것은 아니라고 주장한다. 인간의 의식과 양자물리학 그리고 근사체험의 연관성으로 유추해 본 사후세계의 가능성. 이제 미래의 과학은 사후세계의 증명을 놓고 우리 앞에 어떤 답을 내어놓을지 귀추가 주목된다.

# 3부

## 아르스 모리엔디: 죽음의 기술
### Ars moriendi

자연의 순환은 어렵지 않게 알 수 있다.

씨가 뿌려지면 뿌리를 뻗고

싹을 틔우고 줄기를 내고

꽃을 피운다.

때가 되면 그 꽃은

반드시 땅에 떨어진다.

반드시.

꽃의 피어남이 끝이 아니라

꽃의 떨어짐이 끝이다.

하지만 떨어짐이 과연 끝이라고 할 수 있을까?

떨어진 꽃잎은 다시 흙이 되고

그 흙은 다른 꽃의 토양이 된다.

한 사람의 죽음도 그런 것 아닐까?

다른 사람의 토양이 되는 죽음.

죽음을 토양으로 받아들인다면

우리는 토양으로부터 가장 중요한 것을 배울 수 있을 것이다.

그것이 바로 죽음의 기술일 것이다.

친구여, 우리는 일생을 통해 계속하여 살아가는 법을

배워야만 하네.

그런데 훨씬 더 놀라운 일은 우리는 일생 동안 계속

죽는 방법도 배워야만 하는 거라네.


                                    루키우스 안나이우스 세네카

# *9*장
# 불편한
# 진실

## 결코 무디어지지 않는 사건

죽음은 한 사람이 감당하기에 지나치게 큰 사건이다. 두 사람, 세 사람이 감당하기에 작은 사건이라는 것은 아니다. 물론 여러 사람이 동시에 죽음이라는 사건을 감당한다면 그 무게가 조금은 덜할 수 있겠지만 그건 단지 일시적인 느낌일 가능성이 높다. 누군가가 함께한다 해도, 죽음만큼 오롯이 홀로 감당해야 하는 사건이 없다. 죽음은 커다란 고독이다. 죽음의 일부가 아니라 전체가 고독이다. 아내에게 남편의 죽음은, 남편에게 아내의 죽음은, 어린 자녀에게 엄마의 죽음은, 부모에게 어린 자녀들의 죽음은, 그때까지의 삶을 뒤엎는 결정적인 사건이 되어 버린다.

그러면, 나. 바로 나 자신의 죽음은 어떤 사건일까? 숨이 붙어 있는 지금, 숨이 사라져 버린 나를 상상할 수 있을까? 숨이 거두어진 나의 육체가 땅 아래 묻혀 흙과 뒤섞이는 것, 화장되어 뼛가루만 남는 것을 상상할 수 있을까?

생각으로 준비한다 하더라도 몸으로 직접 맞이한다는 것은 전혀 다른 차원의 일이다. 하물며 생각으로도 준비하지 않은 죽음은 어떠할까?

얼마 전까지 숨이 붙어 있던 사람에게서 숨이 사라져 버린다는 것은 아무리 무디어지려 해도 무디어질 수 없는 문제다. 그렇다. 죽음은 아무리 오랜 세월이 흘러도, 아무리 반복되어도, 아무리 많은 사람들이 겪었어도, 결코 무디어질 수 없는 사건이다. 즉, 익숙해질 수 없는 사건인 것이다.

하지만 감당하기엔 너무 큰 사건이기 때문에, 그리고 여러 사람에게서 끊임없이 일어나는 사건이기 때문에, 우리는 우리 스스로를 의식적으로 또는 무의식적으로 죽음에 대해 무디어지도록 만들어 간다.

죽음은 이렇게 그만의 독특한 성질을 가지고 있다. 우리 중 누구도, 언제 어떻게 그것을 맞이하게 될지 모른다는 것도 죽음의 고유한 개성이다. 그런 개성에도 불구하고 보편적인 특성은, 우리는 태어난 이상 예외 없이 죽음을 향해 달려간다는 것이다. 그렇다면, 어떻게 해야 우리는 언젠가 분명히 겪게 될 죽음을 잘 맞이할 수 있을까? 다시 말해, 어떻게 하면 잘 죽을 수 있을까? 잘 죽는다는 것이 타당한 말인가? '잘 죽는다'는 것은 무슨 의미인가?

이제, EBS 제작팀은 웰다잉이란 무엇인지에 대하여 찾아나섰다.

## 격리된 죽음

죽음이 우리 가까이에 있다는 것은 일견 타당하고, 일견 타당하지 않다. 현대 사회는 다양한 매체가 발달하면서 먼 죽음을 가까이서 볼 수 있게 되었다. 팔레스타인에서의 죽음, 시리아 내전에서의 죽음에서부터 미국 유명인사의 죽음, 아프리카 아동의 죽음 등 먼 나라의 죽음까지 우리는 매체를 통해 접할 수 있다. 반면, 의학과 과학의 발달로 죽음은 예전보다 훨씬 더 지연되었다. 결핵에 걸리는 사람도 줄어들었고, 암에 걸렸다고 해서 반드시 짧은 시간 내에 죽지도 않는다. 의학이 덜 발달했던 시대였다면 이미 유명을 달리했을 사람들이 지금은 병에 걸려도 치료될 수 있고, 아예 그런 병에 걸리지 않을 가능성도 높으며, 치료될 수 없다 하더라도 생명이 연장되고 있다. 그런 면에서 가까운 이들의 죽음을 자주 접하지는 않을 수 있게 되었다.

자신과 직접적인 연관이 없는 사람들의 죽음은, 한 인간으로서 안타까움을 주긴 하지만 일상을 영위하는 데 큰 어려움을 주지는 않는다. 그 죽음으로 인해 나의 유한성을 성찰하고 죽음을 숙고하게 되기보다는, 다시 바쁘고 분주한 일상으로 금세 돌아오게 되는 것이다.

그러나 죽음을 앞둔 가족이 곁에 있다면 문제는 달라진다. 이제 더 이상 죽음은 남의 이야기가 아니라 나의 이야기가 되어 버린다. 가족은 나의 울타리 안에 자리한 이들이기 때문이다. 작가 스티븐 키난은 "오늘날의 가정은 사랑하는 사람의 임종에 이르러서야 비로소 인간의 유한성을 깨닫는다"라고 할 정도로, 우리는 죽음을 일상적인 것으로 느끼지 않는다.

특히나 많은 사람들이 병원에서 죽음을 맞이하면서 그들의 주변 사람들은 직접적인 죽음 경험과 격리될 수 있게 되었다. 많은 중증 환자들은 의료진이 담당하게 되었기 때문에, 그들의 죽음은 가족이 아닌 한에는 직접 보지 않아도 될 수 있게 되었다. 친구와 가족은 물론 모르는 사람들까지 임종을 앞둔 사람에게 예를 다 하고 경의를 표하는 예전과는 다른 상황이 된 것이다. 미국의 작가이자 죽음 연구가인 랍 몰은 이 시대를 일컬어 "죽음을 앞둔 사람을 대면하는 소수의 사람조차도 죽음을 온전히 경험하지 못하는" 시대라고 말했다.

이렇게 죽음과 격리된 문화 속에서, 나이든 사람들조차 죽음을 어떻게 생각해야 하는지 알려 주지 않는다. 죽음을 앞둔 사람들을 어떻게 돌봐야 하는지, 가까운 사람의 죽음을 겪은 사람들을 어떻게 대해야 하는지, 가족이나 자신의 죽음을 어떻게 준비하게 해야 하는지의 문제를 놓고 어찌할 줄을 몰라 가만히 있거나 엉뚱한 말을 내뱉어 위로는커녕 오히려 더 큰 상처를 주기도 한다.

죽음에 접근하는 방식이야말로 그 문화가 생명을 어떻게 생각하고 생명에 어떻게 접근하는지 보여 준다. 사실 죽음은 매우 철저한 준비가 필요한 사건이다. 다행히도, 의학과 과학의 발전으로 인해 죽음의 과정이 길어지면서 죽음에 대한 준비를 할 수 있는 기회가 예전보다 늘어났다. 그러나 죽음에서 격리되거나 죽음을 회피함으로써, 늘어난 기회를 활용하지 못하는 것이 현재의 현실이다.

죽음. 어떻게 배우고 가르쳐야 할까? 어떻게 해야 제대로 준비할 수 있을까?

# 10장

## 죽음을
## 배우다

## 죽음 알림 주간

20세기의 금기 사항인 '죽음'을 과감하게 깬 곳이 있다. 바로 죽음의 질 1위 국가, 영국이다.● 영국은 죽음이 생의 자연스러운 한 과정이라는 사실을 통해, 삶의 변화를 꾀하고 있다. '죽음 알림 주간'Dying Matters Awareness Week이라는 이름으로, 매년 5월이면 다양한 죽음 관련 행사가 열린다. 평소에 하지 않던, 혹은 할 수 없었던 죽음에 대한 이야기를 일주일 동안 어느 장소에서든지 자연스럽게 해 보고, 깊이

● "죽음의 질(생애 말기 치료) 순위"(The quality of death Ranking end-of-life care across the world) 참조. 2010년 조사에서 우리나라는 32위다.

있게 생각해 보는 기간이다. 이 기간 동안 영국의 전역에서 죽음 관련 행사에 참여할 수 있다. 참여자는 남자건 여자건, 나이가 많건, 어린아이건, 그것은 하등 문제 되지 않는다.

영국 사람들이 처음부터 죽음에 호의적이었던 것은 아니다. 죽음에 좀 더 친숙해지려는 사회 분위기로 전환시킨 것은 바로, 정부였다. 다음은 죽음 알림 주간 관계자인 조 레빈슨의 말이다.

"죽어 가는 것dying과 죽음death에 대한 중요성에 관해 좀 더 개방적인 공공인식을 정립하기 위해서 죽음 알림 주간을 만들었습니다. 올해 5년이 된 죽음 알림 주간은, 영국에서 죽음에 대해 이야기하는 것을 금기하는 문화를 깨기 위해 노력하는 문화로 자리 잡았습니다."

죽음에 대한 사회적 준비가 부족함을 직시한 영국 정부는 2009년부터 '죽음 알림 주간 행사'를 열기 시작했다. 덕분에 영국은 현재 죽음의 질 1위 국가가 될 수 있었다.

100년 전까지만 해도 영국, 미국이나 다른 국가에서 죽음은 시야밖으로 사라져야 하는 것이었다. 그러나 그들은 죽음을 회피하는 것이 결코 그들에게 도움이 되지 않는다는 것을 깨달았다. 그 깨달음으로, 그들은 죽음에 대한 활동을 시작했다.

# 데스 카페

◇◇◇◇◇◇◇◇◇◇◇◇

죽음을 직면하고 죽음에 익숙해지며 죽음을 준비하기 위한, 죽음에 대한 활동. 데스 카페Death Cafe는 바로 그러한 활동의 일환으로 시작되었다.

봄비가 촉촉이 내리던 어느 봄날, EBS 제작팀은 영국의 데스 카페를 찾아가 보았다.

카페 안의 사람들은 미소를 짓고 때로는 함박웃음을 웃고 시종일관 화기애애한 분위기를 자아내고 있었다. 이들 중 심각하거나 어두운 표정을 짓고 있는 사람은 없었다. 아이러니하게도 이들이 이야기하고 있는 주제는 '죽음'이었다. 부드러운 음악이 흐르는 가운데, 음식과 커피를 들며 이야기를 나누는 이들은 모두 이날 처음 만난 사람들이었다. 그들은 각자의 마음속에 담아 두었던 죽음에 대한 이야기를 나누고 있었다. EBS 제작팀은 데스 카페의 참여자들에게서, 그들이 왜 굳이 데스 카페에 와야 했는지, 그 속내를 들을 수 있었다.

"삶을 기념하고 자연에 가까워지는 것에 관해 이야기하자면, 땅에 묻히는 것이 불에 타서 재로 변하는 것보단 낫죠. 삶 속에서 서로를 기념하고 싶어요."

"저는 데스 카페에 중독된 것 같아요. 이곳에서 이야기되는 것들은 모

영국 정부는 2009년부터 '죽음 알림 주간 행사'를 열기 시작했다.
덕분에 영국은 현재 죽음의 질 1위 국가가 될 수 있었다.

두 진지하게 생각해 볼 만하고 무척 흥미진진해요. 사람들도 인간미가 넘치고 편안하죠."

"시야가 더 넓어졌어요. 죽음에 관한 사람들의 생각을 알게 되었죠."

맛있는 음식과 음료를 먹으며 죽음에 대한 이야기를 스스럼없이 할 수 있는 자유로운 공간. 죽음을 이야기하는데도 편안하고 아늑한 쉼터가 될 수 있는 공간. 데스 카페는 어떻게 해서 탄생한 공간일까?

"사람들이 공공장소에 모여 술과 음식을 먹고 마시며 죽음이라는 주제에 대해 편안하게 대화를 나눌 수 있는 공간, 편안하고 존중받는 환경에서 죽음과 임종에 대한 이야기가 이루어지는 공간이에요. 정해진 주제도 없고, 사람들에게 강요하는 관점도 없고, 물건을 팔지도 않습니다. 그저 죽음에 대해 이야기하고 싶어 하는 사람들에게 제공하는 서비스입니다."

데스 카페를 최초로 만든 존 언더우드는 데스 카페의 취지에 대해 이렇게 말한다. 존 언더우드는 죽음과 관련된 프로젝트를 진행해 보고 싶었다. 그중 하나가 죽음에 대해 이야기해 보는 것이었다. 그는 스위스 사회학자 베르나르 크레짜가 처음 고안해 낸 데스 카페를 보고 '바로 저게 내가 원하던 거야! 저렇게 죽음에 대해 말해 보고 싶었어'라고 생각했다. 그렇게 해서, 첫 번째 데스 카페를 만들기까지 약 1년의 시간이 걸렸다.

존은 뚜렷이 해결해야 할 의제를 강요하지 않고 사람들로 하여금 그저 이야기하도록 내버려두었다. 데스 카페를 운영하는 가이드라인을 인터넷에 올렸다. 그것을 처음 본 사람이 오하이오 주의 콜롬버스에 사는 리지 마일즈였고, 존은 2012년 첫 번째 데스 카페를 미국에서 운영하게 되었다. 이후 18개 국가에서 800개가 넘는 데스 카페가 생겨났다. 데스 카페가 이렇게 빠른 속도로 성장하고 있는 이유는 무엇일까?

"100년 정도 전에 영국, 미국이나 다른 국가에서는 죽음이 은폐되어야할 것이었어요. 지역 사회에서 눈에 띄지 않게 죽음이 이루어졌죠. 하지만 지금은 주로 병원에서 의학 전문가들이 책임을 집니다. 누군가 죽고 난 후에는 장의사가 시신을 매장하고, 필요한 조치를 취해주고 비석을 세워주기도 합니다. 사람들은 죽음을 숨겨 온 것이 도움이 되지 않는다는 것을 알고, 죽음에 대한 활동들을 해 보게 되었습니다. 데스 카페는 그중 하나인 것이죠."

데스 카페는 죽음에 대해 말하는 것이 중요하다고 생각하여, 내가 사는 지역사회에서 이 행사를 주최해 봐야겠다고 생각하는 자원봉사자들에 의해 열리게 되었다. 이렇게 카페를 연 사람들은 결국 죽

데스 카페를 최초로 만든 존 언더우드. 그는 죽음과 관련된 프로젝트를 진행해 보고 싶었다.
그중 하나가 죽음에 대해 이야기해 보는 것이었다. 그는 스위스 사회학자 베르나르 크레짜가 처음 고안해 낸
데스 카페를 보고 '바로 저게 내가 원하던 거야! 저렇게 죽음에 대해 말해 보고 싶었어'라고 생각했다.
그렇게 해서, 첫 번째 데스 카페를 만들기까지 약 1년의 시간이 걸렸다.

음에 대해 이야기하고 싶은 사람들이었다. 결국 데스 카페는 죽음에 대해 이야기 나누고 싶었던 사람들에 의해 세워진 것이다. 카페는 텐트, 도서관, 축제, 공원과 같이 어디서나 열릴 수 있다. 카페에 올 사람들과 케이크, 주최하는 진행자들만 있으면 된다.

이들은 데스 카페를 통해 죽음을 숨겨 두지 않고 마주하면, 변화가 생긴다고 말한다.

"죽음은 매우 개인적인 것이라서, 메시지는 모두 각자 자신만의 메시지를 가집니다. 저희는 모두에게 하나의 방법만 있다고 생각하지 않습니다. 그보다는 서비스처럼, 사람들이 원한다면, 죽음에 대해 안전하고 편안하게 말할 수 있는 공간이라는 바탕을 만들어 주려는 것입니다. 굳이 이야기하지 않아도 괜찮아요. 아무도 강요하지 않고, 이야기해야 한다고 말하지도 않습니다. 하지만 죽음과 마주하게 되었을 때 각자 스스로 죽음을 바라볼 수 있겠죠. 그건 자신의 선택이에요."

영국 햄스테드에서 데스 카페를 운영하고 있는 조세핀 스페이어는 3년 전 데스 카페라는 것을 알았고 정기적으로 데스 카페를 열고 있다. 한 달에 한 번, 항상 같은 시간에 여는 이 데스 카페에는 30-35명 정도의 인원이 모인다. 미리 예약을 받는데, 어떤 때는 자리가 부족해서 받을 수 없다고 할 정도다. 빈곤 지역에서는 무료로 차를 제공하기도 한다.

"사람들이 데스 카페에 오는 이유는, 죽음에 대해 이야기할 수 있기 때문이에요. 이야기를 한 후에는 확신을 가지고 돌아가죠. 이곳에 다녀간 분들은 자기 일상으로 돌아가서 친구들에게 '바라는 이상적인 죽음이 뭐야? 한번 이야기해 보자' 하고 물어 보기도 해요. 누구에게나 이런 질문을 할 수 있게 되는 거죠. 모두들 이 질문을 흥미로워해요. 데스 카페를 통해 죽음이 일반적인 주제처럼 이야기 나눌 수 있는 주제가 된 것 같아요."

데스 카페를 통해 일어난 변화들이라 하면, 자신과 다른 의견을 너그럽게 받아들이고 존중하는 것이라고 조세핀은 말한다. 그리고 사람들이 죽음으로부터 바라는 것을 생각할 수 있도록 도와준다. 어떤 장례를 치를지, 자녀들에게는 어떻게 이야기할지, 가족과 친구들이 죽음을 받아들일 수 있도록 어떻게 대화할지에 대해서도 미리 생각해 보게끔 한다. 무엇보다, 인생에 대해 더 감사하고, 현재를 살 수 있도록 눈을 뜨게 하는 것이 데스 카페의 가장 큰 효과라고 조세핀은 이야기한다.

"죽음에 대해 이야기하는 것은 무례한 것이 아니에요. 모두가 이야기할 수 있다고 생각해요. 죽음은 흔히 이야기하는 주제는 아니지만 흥미로운 주제예요. 이곳에선 사람들이 죽음에 대해 자유롭게 편안하게 이야기할 수 있어요."

죽음에 대해 말하면 나쁜 일이 일어날 것이라는 문화적 편견이나 금기를 깨고 죽음을 더욱 자연스럽고 편안하게 받아들이기 위한 데스 카페는 지금도 계속되고 있다.

## 죽음을 맞이하기 좋은 날

사실 가족이나 가까운 사람 중에 살 날이 얼마 남지 않았다고 선고받은 사람에게 죽음에 대한 이야기를 꺼내기는 몹시 어려운 일이다. 특히 환자가 삶에 대한 희망을 가지고 있는 경우엔 더더욱 그렇다. 그래서 죽음을 이야기한다는 것은, 환자에게 삶에 대한 마지막 의욕을 완전히 꺾어 버리는 행위로 오인받기 쉽다. 그러나 현실을 직시했을 때, 죽음을 준비하며 삶을 정리해야 할 환자가 끝까지 죽음을 준비하지 못하도록 방치하는 경우일 수도 있다. 갑작스런 죽음을 맞이하는 경우는 더더욱 그러하다. 평소에 죽음에 대해 전혀 생각해 보지 않은 사람이 죽음을 맞이하고 또 그 주변 사람들 또한 그러했다면 고인의 죽음을 준비하지도 못했을 뿐더러 그 충격으로 인해 매우 오랜 기간 동안 어려움을 겪을 것이다. 누구나 겪을 일을 쉬쉬하면서 금기시해 온 결과는 언제나 더 큰 산이 되어 돌아온다.

영국의 아름다운 항구 도시 사우스햄프턴에서는 쉬쉬해 온 죽음을 활짝 열어 신나는 노래로 만들어 버리는 행사가 매해 죽음 알림 주간 동안 열린다. 행사 이름은 명랑하게도 '죽음을 맞이하기 좋은 날'A Dead Good Day Out이다. 이 행사의 주최자이자 호스피스 간호사인 뎁 윌크스는 이 행사의 취지에 대해 다음과 같이 설명한다.

"몇 년 전까지만 해도 죽어가고 있는 환자들에게 그 사실을 말해 주지 않았어요. 하지만 지금은 사람들이 훨씬 개방적이라 사실을 알고 싶어 해요. 그들 자신을 위한 계획을 세우고, 가족들에게 작별인사를 하고 싶어 하죠. 죽음은 자연스러운 과정이기 때문에 태어나고 죽는 것처럼 모두 겪을 수밖에 없죠. 누군가 죽는다면 숙연해지고 슬프겠지만, 그런 일은 일어나기 마련입니다. 사람들이 죽음에 대해 더 생각해 보고 이야기를 나누게 하기 위해 이 행사를 열었습니다."

죽음에 대해 생각하면 실제로 죽음이 찾아온다는 미신 같은 두려움 때문에 생각지도 않았던 것. 이 행사의 참여자들은 이제 마음을 열고 이 주제에 대해 자유롭게 생각해 본다. 이 행사에서 사람들은 죽음에 관한 다양한 활동들을 직접 경험한다. 얼굴에 죽음을 상징하는 그림을 그리며 생각해 보기도 하고, 종이로 새를 접으며 의미를 담아 보기도 한다. 그리고 죽음에 대해 궁금한 것은 무엇이든지 묻고, 서로에게 답할 수 있다.

"제가 알고 있는 죽음 전문가인 인조모형이 있습니다. 저는 이것을 통해 사람들에게 정보를 제공하고 질문을 받으면서 개방적인 대화를 합니다. 제 역할은 사람들이 죽음을 더 편안하게 받아들이도록 도와주고 죽음을 준비할 수 있게 하며, 친척들과 대화로 '언젠가는 죽을 테니 이러이러한 방식으로 나의 시체를 처리해 달라'와 같이 죽음에 대해 자유롭게 얘기할 수 있게 해 주는 것입니다."

23년간 장의사로 일해 온 안치 맥크라크린은 이 행사에서 실제 시신 대신 인조모형을 놓고 아이들에게 죽은 사람 앞에서 대처하는 방법이라든가, 죽은 사람의 몸을 닦아 주는 과정을 통해 위생을 배우게 하는 등 시신을 대하는 법을 교육하고 있다. 결과적으로, 죽음이 달갑거나 즐거운 사건은 아니지만 적어도 두려운 사건은 아니게 되도록 도와준다. 이것은 대개 죽음을 앞둔 환자를 둔 가족들을 위한 교육이다.

"저는 유족이 아닌, 죽음을 맞이하고 있는 가족들과 주로 작업을 합니다. 이 인조모형을 통해 사람들에게 정보를 제공하고 질문을 받으면서 죽음에 대한 열린 대화를 하죠. 환자가 집에 있는 가족들이 장의사가 부재한 상황에서 죽은 사람을 돌보는 방법을 알려주어 자신감을 심어 주게 되기도 하고요. 시신에 대한 두려움을 덜어 주기도 합니다. 사람들은 이 인조모형을 실제 사람처럼 대하죠. 옷을 입힐 때도 '양말 신겨 줄게' 같은 말을 하면서 행동합니다."

영국의 죽음 행사장은 어디에도 검은색 옷을 입은 저승사자며, 검은 띠를 두른 영정사진도 없다. 우리나라에서 흔히 말하는 임종체험과는 전혀 다른 모습이다. '죽음을 맞이하기 좋은 날'이라는 행사의 이름이 말해 주는 것처럼, 행사는 매우 밝고, 활기차며, 전달하고자 하는 메시지도 명확하다. 이 행사에서는 자신의 장례식이 어떨지, 매장을 할지, 화장을 할지, 장기를 기증하고 갈지와 같은 것까지 생각해 본다. 그리고 유언을 작성하고, 남기고 싶은 소망들도 작성해 볼 수 있게 한다. 사람들은 함께 모여 장례 절차를 준비하기도 하고, 장례 절차를 준비하는 과정에서 자신의 삶을 가치 있게 바라보게 되기도 한다. 그리고 그들은…자신의 장례 절차를 준비하는 것이 '리허설'이 아니라 '살아가는 것'이라고 생각한다. 죽음을 준비하는 과정은 그들에겐 삶의 일부가 된 것이다.

사람들이 문화적으로, 그리고 스스로 금기시하는 주제에 대해 터놓고 말하도록 공개하려는 행사의 취지는 사람들에게 큰 반향을 불러일으켰다. 그래서인지 이 행사장을 찾은 사람들의 얼굴에는 미소가 가득하다. 이곳에서 말하는 죽음은 매우 단순하다. '언젠가는 맞이해야 하는 필연적인 죽음'이라는 우리 모두가 알고 있는 사실. 그리고 이곳에서 죽음에 대해 이야기하는 것은 '매우 평범한 것'이다.

## 죽음 행사의 주인공은 아이들

영국의 죽음 행사장에서 가장 눈길을 끄는 것은 다름 아닌 어린 참가자들이다. 되도록 아이들에게는 알려 주고 싶지 않아 극구 숨기기 마련인 죽음을 아이들에게 알려 주고 있는 것이다.

실은 이 죽음 행사의 진짜 주인공은 바로 아이들이다. 아이들은 행사장 곳곳에 자리를 잡고 앉아, 관에 그림도 그리고, 죽음에 대한 이야기를 들으며 해골도 만든다. 아이들이 보고 만지고 냄새 맡는 것들은 빨강, 노랑, 파랑, 초록 색상과 같이 생기발랄한 물건들이다.

"죽음에 대해 배우고 이야기할 수 있어서 재미있어요. 죽음이 뭔지는 잘 모르겠지만 사람들이 이야기하는 것처럼 언젠가는 일어나는 일이라고 생각해요."

이 행사에 참가한 11살 토머스 헨리의 말이다. 토머스를 비롯해 많은 아이들이 설탕으로 해골을 만들고 꾸미며 죽음 행사를 즐긴다. 설탕 해골은 죽은 사람들을 기리기 위해 집안에 전시해 놓는 장식품으로 멕시코에서 유래된 것이다. 멕시코는 설탕으로 집을 꾸미고 설탕으로 해골도 만든다. 집을 예쁘게 꾸미기 위해 설탕 해골들을 집안에 전시해 놓기도 한다. 그들은 죽은 자들을 위한 날에 그들의 영혼이 산 자를 보기 위해 이승으로 돌아온다고 믿는다. 그리고 설탕

이 죽음 행사의 진짜 주인공은 바로 아이들이다. 아이들은 행사장 곳곳에 자리를 잡고 앉아,
관에 그림도 그리고, 죽음에 대한 이야기를 들으며 해골도 만든다. 아이들이 보고 만지고 냄새 맡는 것들은
빨강, 노랑, 파랑, 초록 색상과 같이 생기발랄한 물건들이다.

해골로 그들을 반갑게 맞이한다. 이렇게 죽음을 무겁지 않게 삶의 일부로 맞아들이고 있는 멕시코의 문화를 본따, 죽음 행사에서는 설탕 해골로 아이들에게 죽음이라는 이미지를 친숙하게 받아들이도록 도와준다.

하지만 죽음을 이해하기엔 아직 어리기만 한 아이들에게 이런 행사가 어떤 도움이 될까? 그들의 무의식 속에 또 하나의 두려움을 심어 주는 것은 아닐까? 혹시 너무 어린 나이에 죽음을 알게 하는 것은 그들에게 상처를 입히는 일이 되지 않을까?

"사실 아이들은 생각보다 죽음에 대해 잘 받아들입니다. 부모님이 돌아가셨을 때, 아이들은 이 행사에 와서 자신의 부모님에 대해 이야기하곤 합니다. 이 행사는 아이들을 위한 것이에요. 이곳에 와서 여러 활동들을 해 보며 죽음을 열린 태도로 이야기하는 거죠."

행사를 기획한 뎁 윌크스의 말이다.

"죽음을 슬픈 일로 여기지 않고 인생을 기념하는 일로 여기도록 하고 싶습니다. 누군가의 인생을 축복해 주는 것이죠. 사실 다양한 방법으로 축복할 수 있습니다. 과거에 죽은 사람보다 현재 이곳에 와 있는 한 사람, 즉 개인에게 초점을 두려고 합니다."

죽음이 인생을 기념하고 축복하는 일이 될 수 있다…!

정말 죽음을 이런 방식으로 아이들에게 알려 줄 수 있을까? 죽음이, 아이들에게 알찬 삶을 사는 법을 알려 줄 수 있을까?

# *11*장
# 아이들을 위한
# 죽음 교육

## 아이들도 죽음을 알까?

아이들은 에너지도 넘치고, 궁금한 것도 매우 많다. 어른들이 생각지도 못한 것들을 아이들은 궁금해한다. 천진난만하기만 할 것 같은 이 아이들도 죽음에 대해 이해하고 있을까?

유치원 원장 선생님 이정아 씨는 아마도, 아이들은 죽음을 이해하기에는 너무 어린 나이라고 말한다.

"개인차가 있겠지만 대부분의 유아들은 죽음을 가역성에 있다고 믿기 때문에 사람이 죽었다고 해도 계속 성장을 하거나 움직일 수 있을 것이

어른인 우리가 생각했던 것보다 아이들은 죽음에 대해 잘 알고 있었다.
아이들이 죽음에 대해 모르고, 궁금해하지 않을 거란 생각은 어쩌면 우리 어른들의 바람이 아닐까?

라고 생각합니다. 따라서 이 시기에 어린이들이 죽음에 대한 개념을 이해하기에는 어려운 그런 연령일 수도 있습니다."

그렇다. 어른들은 '일곱 살'이라는 어린 나이의 아이들은 죽음에 대해 아직 잘 모를 것이라고 생각한다. 그렇다면 아이들에게 직접 물어 볼 경우 이들은 어떻게 대답할까?

EBS 제작팀은 아이들이 과연 죽는다는 것에 대해 알고 있는지 알아보기 위하여 한 유치원에서 선생님을 통해 아이들에게 질문을 건네 보았다.

"우리 한번 생각해 보자. 죽는다는 거는 우리랑 같이 함께할 수 있는 걸까 없는 걸까?"

"없어요."

"죽은 사람은 우리랑 함께할 수 있을까 없을까?"

"없어요."

"지금 우리 자리에 선생님 얘기 같이 들어줄 수 있을까 없을까?"

"없어요."

"지금 이 세상에 있는 걸까 없는 걸까?"

"없어요."

결과는 예상을 빗나갔다. 어른인 우리가 생각했던 것보다 아이들은 죽음에 대해 잘 알고 있었다. 아이들이 죽음에 대해 모르고, 궁금해하지 않을 거란 생각은 어쩌면 우리 어른들의 바람이 아닐까?

그렇다면 죽음을 아는 것은 아이들의 삶에 긍정적인 영향을 미칠 수 있을까? 아니면 아이들에게 어두운 기억만을 남길까? 이것을 알기 위해 EBS 제작팀은 간단한 실험을 해 보았다. 그것은 바로 팃포탯 Tit-for-tat 전략\*을 이용한 실험이다. 팃포탯은 '죄수의 딜레마'\*\* 전략으로 유명한 게임 이론으로, 경영관리나 비즈니스에서 자주 사용되는 이론이다. 응수전략으로도 불리는 팃포탯은 갈등상황을 협동상황으로 바꾸는 데 유용한 협상전략 중 하나로 알려져 있다. 쉽게 말하면, 팃포탯은 '눈에는 눈, 이에는 이', 즉 상대방이 하는 행동을 그대로 따라하게 만드는 전략이다.

미국 토론토 대학의 아나톨 라포포트 교수가 고안한 팃포탯 전략

---

- 팃포탯(Tit-for-tat)은 게임 이론에서 반복되는 '죄수의 딜레마'의 강력한 전략이기도 하다. 이 전략은 반복되는 '죄수의 딜레마'에서 가장 성공적인 전략이라고 입증된 4개의 원칙에 의존한다.
  1. 배반하기 전까지 경기자는 항상 협력한다.
  2. 만약 배반했다면, 경기자는 복수할 것이다.
  3. 경기자는 빠르게 관용을 베푼다.
  4. 경기자는 반드시 상대와 한 번 이상 경쟁할 "좋은 기회"를 가지고 있어야 한다.

- '죄수의 딜레마'란 두 사람의 협력적인 선택이 둘 모두에게 최선의 선택임에도 불구하고 자신의 이익만을 고려한 선택으로 인해 자신뿐 아니라 상대방에게도 나쁜 결과를 야기하는 현상을 말한다. 죄수의 딜레마는 게임 이론의 유명한 사례로 경제학뿐 아니라 심리학, 국제 정치학 등 다양한 방면에 활용되고 있는 개념이다.

은, 상대를 그대로 따라하는 것이다. 만약 상대가 이전에 협력을 했다면 경기자는 협력하고, 만약 배반했다면 경기자는 배반하는 것이다. 이 팃포탯 전략은 단기적인 개인의 이득이 아니라, 구성원들과의 협업으로 사회적 이득을 얻는 윈윈이 가능하게 하는 이상적인 전략으로 유명하다.

팃포탯 전략은 우리가 삶에 대한 여러 가지 다양한 인간관계에서 받아들일 수 있는, 또 우리가 취할 수 있는 태도를 아주 극단적으로 보여 주기 때문에 인생에 있어서 다양한 삶의 상호작용에 대한 축소판이라고 할 수 있다.

EBS 제작팀은 유치원 아이들을 대상으로 사탕 나누기 실험을 했다. 이 실험은 팃포탯 전략을 기반으로 설계된 것이다. 자신의 사탕을 상대에게 주는 행동은 친절이나 협동을 의미하고, 상대의 사탕을 빼앗아오는 행동은 분노나 갈등을 의미한다. 그 결과로 사탕을 상대에게 주었을 경우에는 +1점, 상대의 사탕을 빼앗을 때는 -1점으로 계수한다. 죽음이 아이들에게 미치는 영향을 알아보기 위해 팃포탯 전략을 활용한 경우는 이번이 국내 최초다. 그만큼 팃포탯 전략이 과연 아이들에게도 적용될지는 실험 전까지 미지수였다.

## 팃포탯 전략을 활용한
## 죽음이 아이들에게 미치는 영향력 실험

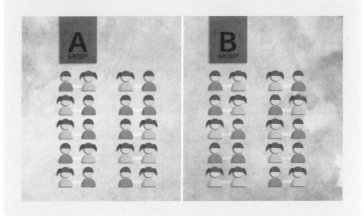

먼저 두 명씩 짝을 이룬 7세 아동 20팀을 A, B 두 그룹으로 나눈다.
팃포탯 실험을 시작하기 전에 A그룹 아이들은 신데렐라 동화 이야기
를 들으며, 죽음에 대해 이야기를 나눈다.

"신데렐라 동화 기억나요?"

"네~"

"그럼 선생님이 질문 하나 해 볼게요. 신데렐라 엄마가 돌아가셨잖
아요. 그랬을 때 신데렐라의 기분을 생각해 보는 거예요. 신데렐라의
엄마가 돌아가셨을 때 신데렐라의 기분은 어땠을 것 같아요?"

이때 신데렐라 동화에 대한 전반적인 이야기가 아니라 엄마가 돌아가신 상황에 놓인 신데렐라의 기분이 어떨지에 초점을 맞추어 이야기한다.

"엄마가 돌아가셔서 슬펐을 거 같아요."

"기분이 안 좋았을 것 같아요."

"속상할 것 같아요."

"무덤을 만들어 주고 싶을 것 같아요."

아이들에게는 직접적으로 아이들이 겪을 가족의 죽음을 물으면 강한 충격을 느낄 가능성이 높다. 그렇기 때문에 이 실험에서 질문은 세 단계로 나누었다. 첫 번째는 위에서 물은 것과 같이 죽음이라는 '현상'을 묻는 것이다. "죽은 사람은 우리와 함께할 수 있을까 없을까?" 아이들은 이에 "없어요"라고 답했다. 죽음이라는 상황을 이해하고 있는 것이다. 그런 다음 두 번째 단계로, 그 상황에서 느낄 '감정'을 명확하게 아는지 여부를 묻는다. 그래서 신데렐라의 엄마가 세상을 떠났을 때 신데렐라가 느꼈을 기분을 물은 것이다. 아이들은, 비록 동화 속 가상의 인물에게 일어난 일이지만, '죽음'이라는 상황에서 느끼는 감정을 잘 이해하고 있었다. 이렇게 엄마가 돌아가신 신데렐라의 기분을 생각해 본 아이들. 이제는 자신에게도 이와 같은 일이 일어나면 기분이 어떨지 생각해 본다. 즉, 세 번째로는 신데렐라의 입장에 나를 대입해 보는 것이다. '감정이입'의 단계다.

"자, 그러면 이번에는 우리에게는 아주 아주 많은 시간이 지난 다음에 일어날 일이겠지만 마음속으로 생각해 보자. 우리 엄마랑 아빠, 할머니 할아버지가 돌아가신다면 내 기분이나 마음은 어떨까요? 생각해 봤어요?"

"네⋯."

과연, 아이들은 미래의 자신이 맞이하게 될 죽음에 대한 감정에 대해 이야기할 수 있을까?

"너무너무 힘들 거 같아요."

"엄마가 돌아가시면 많이 많이 슬플 것 같아요."

"마음이 아파요."

"엄마랑 어릴 때 찍었던 사진을⋯엄마랑 같이 어릴 때 찍었던 사진을 봐요."

"그리워요⋯"

아이들의 얼굴엔 슬픈 어둠이 깔린다. 어떤 아이는 고개를 푹 숙이고 어떤 아이는 울먹울먹한다. 어떤 아이는 눈에 눈물이 그렁그렁한다. 순수한 마음에 타인의 감정이 그대로 이입되는 것이다. 공감의 능력이다. '죽음'이란 현상에 대해 알고 있는 아이들은, 이때 느끼는 감정도 정확하게 표현한다.

어른들은 아이들이 죽음을 과연 이해하고 있을까 의심했지만 아이들은 어른들의 생각과는 달랐다. 생각해 보면, 아이들은 미처 글을 채 알기도 전에 동화책을 보고, 이야기를 듣는다.《신데렐라》,《백설공주》,《콩쥐 팥쥐》등등 어린아이가 있는 집이라면, 이런 고전 동화책 한두 권 정도 없는 집은 없을 것이다. 동화책 속의 주인공인 신데렐라, 백설공주, 콩쥐, 모두 엄마가 돌아가시고, 새엄마를 맞이한다. 이렇게 아이들이 읽는 동화책 속 주인공들은 엄마의 죽음이라는 사건을 겪게 된다. 우리나라에서 누적관객 천만 명을 동원하며 2014년 상반기 최고 흥행 영화로 기록된〈겨울왕국〉은 전 세계 역대 흥행 순위에서도 6위를 차지한 인기영화다. 이 영화의 주인공 엘사와 안나 역시 불의의 사고로 부모님을 잃게 된다. 아이들은 이 영화를 통해서도 죽음에 대해 듣게 된다.

이렇듯 아이들은 죽음에 대해서 알고 있다. 이제 본격적인 텃포탯 전략을 실험해 본다.

아이들을 두 그룹으로 나눈다. A그룹은 죽음에 대한 이야기를 진지하게 나눔으로써 죽음 처치가 된 실험 집단이 된다. 그런데 B그룹의 아이들은 평소처럼 신나게 뛰어 놀거나 장난감을 가지고 놀게 한다. 그러고 나서 사탕 나누기 게임을 한다.

유치원 선생님은 사탕을 가장 많이 모으는 친구가 이기는 게임이라고만 아이들에게 이야기해 둔다. 먼저 신나게 뛰어 논 B그룹 아이들에게 먼저 실험을 해 보았다.

두 명씩 짝지어진 아이들에게 사탕을 두 개씩 준다. 가위바위보를 해서 이긴 사람이 먼저 상대의 사탕을 뺏거나 자신의 사탕을 상대에게 줄 수 있다. 그러면 상대는 바로 앞사람이 한 행동을 그대로 따라한다. 이때 상대에게 주거나 빼앗아오는 사탕의 개수는 중요하지 않다. 아이들이 하는 행동에 점수가 매겨지기 때문이다.

B그룹 예서와 래민이의 사탕 나누기 게임이 시작되었다.

가위바위보에서 이긴 예서가 먼저 래민이의 사탕을 가지고 온다. 이에, 래민이도 예서의 사탕을 가지고 온다. 이렇게 되면 이 팀은 -1점을 얻게 된다. 그리고 다시 사탕이 두 개씩 주어진다. 그러자 예서는 자신이 래민이의 사탕을 가지고 오면, 래민이도 자신의 사탕을 가지고 간다는 사실을 알지만 뺏고, 뺏고, 계속 뺏는다.

이번에는 래민이가 먼저 시작할 차례다. 래민이도 예서의 사탕을 뺏

고, 뺏고, 또 뺏는다. 예서와 래민이 팀의 최종점수는 -10점. 두 사람은
총 10번의 기회 중 10번 모두 상대의 사탕을 빼앗아온 것이다.

이제 죽음에 대한 이야기를 나누고 게임을 시작하는 A그룹의 지원
이와 승비 차례.

가위바위보에서 이긴 지원이는 먼저 자신의 사탕을 승비에게 준다.
그러면 승비도 사탕을 지원이에게 준다. 이렇게 하면 이 팀은 +1점을
획득하는 것이다. 그다음 차례에도 지원이는 자신의 사탕을 승비에게
준다. 주고, 또 준다.

이번에는 승비 차례. 승비 역시 사탕을 주고, 주고, 또 준다. 잠시 고
민하다, 나머지도 주고, 또 준다. 이렇게 해서 이 팀의 총점은 +10점이
되었다. 총 10번 중 10번 모두 상대에게 사탕을 준 것이다.

죽음에 대한 이야기를 나눈 A그룹과 그렇지 않은 B그룹의 평균 점수는 얼마나 차이가 날까?

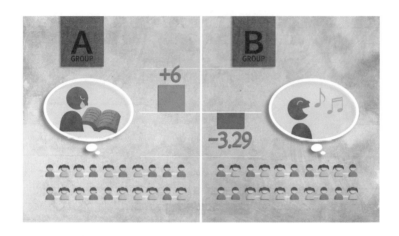

죽음에 대한 이야기를 나눈 그룹의 평균은 +6점으로, B그룹보다 약 3배 정도 높은 배려심을 보였다. 놀라운 결과가 아닐 수 없다.

죽음에 대한 이야기를 약 10분 정도 나누고 사탕 나누기 게임을 한 아이들이 그렇지 않은 아이들과 확연한 차이를 보인 이 결과는 무엇을 의미할까? 실험 집단의 경우, 통제집단보다 훨씬 더 상대방에 대해 협동전략을 택하는 경향이 두드러지게 나타난다는 것이었다.

죽음이 아이들에게 나쁜 영향을 미치진 않을지 우려했지만 결과는, 전혀 그렇지 않았다. 그렇다면 아이들에게 어떤 식으로 죽음에 대해 알려 주는 것이 그들을 불안하게 하지 않으면서도 제대로 이해하게 하는 길일까?

# 아콘 프로젝트
◇◇◇◇◇◇◇◇◇◇◇◇◇◇◇

영국에서는 4년 전부터, '죽음에 대한 아이들과 학부모의 생각'을 바꾸는 프로젝트를 시작했다.

6세부터 대학생까지의 학생들이 호스피스 병원을 방문해, 환자와 함께 다양한 활동을 하며, 죽음과 삶의 의미를 스스로 알아갈 수 있도록 돕는 아콘 프로젝트Acorn Project. 이 프로젝트를 통해 아이들은 죽음에 대해 더 이상 부정적으로 상상하지 않고, 삶의 의미를 스스로 완성해 나갈 수 있는 기회를 갖게 된다고 한다.

이 프로젝트를 시행한 초기 목적은 아이들이 죽음에 대해 아는 것을 꺼리는 현상 때문이었다. 아이들이 안전하길 바라고 기분이 상하는 걸 원치 않기에 어른들은 아이들과 죽음에 대해 이야기하지 않는다. 하지만 아이들은 죽음이라는 사건이 일어난다는 것을 알고 있다.

죽음은 인생의 한 부분이기 때문에 어디에나 존재한다. 그리고 아이들에게 죽음에 대해 알려 주지 않으면 아이들은 겁을 먹고 죽음을 이해하지 못한다. 이 사실 때문에 아콘 프로젝트는 무엇보다 죽음이 자연스러운 현상이라는 것을 이해하게 해주는 데 중점을 두고 있다. 예를 들면, 여섯 살 아이들에게는 나비를 활용하여 죽음을 설명해 준다. 나비는 계속해서 다른 형태로 변화하기 때문이다. 더 어린 어린아이들에게는 봄, 여름, 가을, 겨울과 같은 계절 변화를 생각해 보게 한다. "나는 봄이고 너는 겨울이야"라고 상황을 설정하여 모든 것이 탄생과 죽음을 맞이한다는 것을 상기하게 해준다. 또는 아이들에게 직접적으로 자신의 죽음을 생각해 보게 할 때도 있다. 아콘 프로젝트 행사 담당자 존 테미날스는 이런 질문을 사용한다고 했다.

> "저는 아이들에게 이렇게 물을 때가 있습니다. '네가 죽을 때 다른 사람들이 너에 대해 무슨 말을 하길 바라니? 무슨 말을 듣고 싶니? 좋은 친구였다고? 착한 사람이었다고? 경청을 잘하는 사람이었다고?' 그런 후 저는 다시 그들에게 말합니다. '네가 남들에게 그런 모습으로 남고 싶다고 그 일이 실제로 일어날 것 같아? 너는 좋은 친구니? 착하니? 만약 그렇지 않다면 어떻게 너의 모습을 바꿀 수 있을까? 아직은 네가 살아 있잖아.'"

이런 질문들은, 아이들이 죽음이라는 것을 생각해 본 후 현재의 삶을 어떻게 살고 현재의 관계를 어떻게 가꾸어 나갈지를 곰곰이 생각해 보도록 도와준다.

실제로 아콘 프로젝트에 참여했던 9살짜리 한 아이에게는 죽음에 임박한 할머니가 있었다. 아이의 엄마는 상황을 잘 받아들이지 못하고 분노하고 좌절하고 낙담해 있었다. 하지만 아이는 할머니 곁에 다가가 말했다.

"할머니, 할머니는 주변 사람들을 무척 사랑해 주셨어요. 물론 저

도요. 고마워요. 할머니는 참 좋은 삶을 사신 분이에요"라고…. 오히려 아이가 어른들이 난처한 상황에 잘 대처할 수 있도록 도와준 것이다.

아이들에게 죽음에 대해 알려 주지 않으면 겁을 먹게 되고 죽음을 이해하지 못하게 된다. 이것이 아콘 프로젝트가 바꾸어 보려는 현상이다.

"울고 슬퍼하고 화가 나는 것이 때로는 당연하다는 걸 알려 주고 싶습니다. 아콘 프로젝트에서는 최대한 의미 있고 알찬 삶을 사는 방법에 대해 생각합니다. 죽음은 이 과정의 일부일 뿐이죠."

## 코끼리 티파티

학교에서 직접 아이들에게 죽음을 교육할 수 있는 방법도 있다.

영국의 자선단체 〈차일드 비리브먼트〉Child Bereavement에서는 가족을 여읜 아이들을 대하는 모든 사람들을 대상으로 죽음 교육을 실시하고 있다. 대상은 주로 교사, 경찰, 의사, 간호사 등인데, 가족의 죽음을 경험한 아이들이 무겁거나 공포스러운 방식이 아닌, 자신의 나이에 맞게 죽음에 대해 생각해 볼 수 있도록 돕는 프로그램을 제공한다.

그 일환이 바로 코끼리다. 이 프로그램은 코끼리를 중심으로 기획되었다. 그래서 프로그램 이름도 "코끼리 티파티"Elephant's Tea Pary다. 코끼리는 동료 및 가족 코끼리가 죽으면 애도를 표하는 동물이다. 게다가 영국에서는 모두가 알고 있지만 아무도 말하고 싶어 하지 않는 것을 '방 안의 코끼리'라고 표현하기도 한다. 그래서 〈차일드 비리브먼트〉는 코끼리야말로 자신들의 캠페인을 표현하는 가장 적절한 단어라고 생각했다. 많은 가정들이 어느 정도 죽음을 금기시하고 가족 구성원의 죽음에 대해 이야기하지 않기 때문이다.

그러나 가족의 죽음을 경험한 어린나 청소년들은 자신만이 이런 경험을 겪은 유일한 사람이라고 생각하며 큰 고립감을 느낀다. 이런 이유로 "코끼리 티파티" 행사는 교사들이 가족을 여읜 아이들을 도울 수 있도록 돕고 있다. 이 캠페인의 목표는 학교 안에서 학생들이 가족의 죽음에 대해 터놓고 이야기할 만한 환경을 조성하여, 아이들이 공개적으로 자신의 기분을 이야기할 수 있도록 하는 것이다.

〈차일드 비리브먼트〉의 앤 차머스는, 아이들이 죽음에 대해 공개적으로 이야기를 나눌 필요성에 대해 이렇게 말한다.

"어른들은 아이들을 보호해야 할 의무가 있어요. 하지만 이 의무 때문에 아이들이 죽음을 이해할 만큼의 충분한 정보를 얻지 못하죠. 또 아이들 역시 어른을 보호하길 원하기 때문에 죽음에 대한 질문을 많이 하지 않죠. 그러면 아이들은 정서적으로 불안해지고 난폭해질 수 있어요. 우리는 공포스럽지 않게 죽음에 대해 이야기할 수 있다는 것을 보여 주고 싶었어요. 다른 생명체의 '생애'에 대한 이야기를 하듯 학교에서 공개적으로 '죽음'에 대해서도 이야기할 수 있어야 합니다. 그래야 아이들이 중요한 삶의 기술을 배울 수 있을 거예요."

그렇다면 이 행사에서의 죽음 교육은 구체적으로 어떻게 이루어질까?

우선 가장 먼저, 가족에 대해서 이야기하도록 한다. 가족 구성원들의 역할이나 가족 중 누가 누구를 돌보는지에 대한 것들을 먼저 이야기하는 것이다. 또 가족을 코끼리들에 비유하여 설명하도록 하기도 한다. 코끼리들은 무리를 지어 생활하면서 가족에 큰 의미를 두고 생활하기 때문이다. 이렇게 생활하는 동안에 무리 중 한 마리가 길을 잃는다면 어떨지 상상해 보게 한다. 그 이후 이 상상을 더 발전시켜 무리 중 한 마리가 죽는다면 어떨까에 대해서까지 생각해 보게 한다. 결국 가족에 관한 수업이기는 하지만 교사의 판단에 따라 더욱 발전시킬 여지가 있는 활동이다. 또한 개개인의 감정에 대해서 이야기할 수 있는 기회도 마련할 수 있다.

또 다른 수업 계획 중 하나는 기억에 관한 것이다. 아이들로 하여금 자신에게 의미 있었던 기억들에 관해 생각하게 하며, 그것들을 기억하는 것이 중요하다고 말해 준다. 한 대상과 연관된 기억에는 행복한 기억, 재미있는 기억, 슬픈 기억 등 다양한 것들이 있을 수 있다. 이렇게 감정을 표현할 수 있는 기회를 마련하고, 다양한 이야기 책을 읽으면서 공감대를 형성하는 활동을 한다.

"우리가 사용하는 책 중에 《오소리의 이별 선물》(보물창고)이라는 책이 있습니다. 늙은 오소리가 죽자 그의 동물 친구들은 그가 남긴 기억을 가지고 그를 추억합니다. 이 책을 읽으면서 어린아이들조차도 자기 주변에 죽은 사람들이나 강아지나 고양이를 기억할 만한 무언가를 생각하게 되는 것입니다. 학교 측에서 오는 반응 중의 하나는 이러한 교육이 가정에서도 무척 도움이 된다고 부모들이 말한다는 것입니다. 이전에는 함께 아이와 이야기하기 꺼려졌을 주제에 대해서 훨씬 편하게 이야기할 수 있게 되었다는 것이죠."

한 가지 분명하게 염두에 두어야 할 것은 아이들에게는 늘 정확하게 현상에 대해서 설명해 주어야 한다는 것이다. 예를 들어, 죽는다는 것에 대하여 몸이 더 이상 작동하지 않는다는 식으로 직접적으로 설명하는 것이다. 이렇게 되면 아주 어린아이라 하더라도 죽음에 대해서 정확히 이해할 수 있다고 앤 차머스는 말한다.

"어른들은 이미 죽음이 무엇인지 잘 인지하고 있습니다. 하지만 어른들과는 달리 어린아이들은 말을 있는 그대로 받아들이는 경향이 있습니다. 따라서 '영원히 잠들었다' 같은 표현은 어린아이들에게 잠자리에

드는 것이 무섭게 느끼도록 할 수 있습니다. 누군가가 죽은 뒤 잠이 들어 있는 것처럼 보여도 사실 그들은 잠을 자는 것이 아니라는 것을 알려 줘야 합니다. 잠을 자도 몸은 그대로 작동합니다. 하지만 죽으면 몸은 작동하지 않습니다. 따라서 일부 어른들이 쓰는 표현들은 어린아이들에게는 굉장히 혼란스럽게 느껴질 수 있습니다."

장기적으로 보았을 때 직접적으로 죽음을 언급하는 것이 어린아이들에게 좋다는 의미다. 그러나 어린아이의 발달 수준과 나이에 맞추어서 받아들일 수 있을 만큼의 정보를 주어야 한다고 그녀는 권한다.

그렇다면 죽음 교육은 어릴 때 할수록 효과적인 것일까?

"어린아이에게 죽음에 대해서 이야기하기 너무 이른 시간이란 존재하지 않습니다. 어린아이일지라도 가족 안에서 무슨 일이 일어나고 있는지 눈치 챕니다. 따라서 아이들은 어른들의 행동을 보고 스스로 죽음이라는 것이 무엇인지 추측해 나갈 겁니다. 다른 사람들이 얼마나 힘들어 하는지 보는 아이들에게는 그 경험에 대한 설명이 필요합니다. 실제로 우리는 누군가가 죽는다는 것이 어떤 의미인지 잘 알고 있는 3-4살 어린아이들을 보았습니다. 아이들은 질문을 하면 반드시 답을 원합니다. 그 질문에 대한 답이 정직할수록 더 바람직한 답이 됩니다."

아이들은 강아지나 고양이와 같은 애완동물의 죽음을 직면하게 되거나 친척의 죽음을 경험하게 되기도 한다. 그럴 때면 아이들은 엄마에게 "엄마도 역시 죽나요?" 또는 "나도 죽게 되나요?"라는 질문을 던진다. 그러나 안타깝게도 많은 엄마들은 이에 대한 답을 하기에 준비되어 있지 않다. 오히려 "숙제는 다했니?"라고 다른 이야기로 넘어가면서, 죽음에 대한 질문이 금기라는 간접적인 힌트를 아이에게 준다. 그러나 일본 조지 대학의 알폰스 데켄 교수는 아이들이 질문하는 순간이 바로 '가르칠 만한 순간'teachable moment이라고 말한다.

"이런 '가르칠 만한 순간'이 매우 중요합니다. 가르칠 만한 순간이란 교육을 할 때 결정적인 순간을 의미합니다. 아이에게 질문이 있다면 엄마는 그것을 대답해 주어야 하죠. 물론, 죽음에 대한 질문에 답을 해주면 아이에게 걱정을 늘려 주는 일이 되기도 합니다. 엄마가 죽는다고 상상한다면 아이는 걱정에 빠질 테니까요. 따라서 엄마는 아이에게, 죽지 않기 위해 건강에 대하여 신경을 쓰고 있다는 등의 위안을 주어서 죽음에 대해 너무 많이 생각하지 않도록 하는 것이 필요합니다. 그러나 어떤 경우든 정직하게 행동해야 합니다. 거짓말로 답변을 하거나 숙제로 이야기를 돌리는 태도는 지양해야 합니다."

분명, 어린아이들에 대한 죽음 교육은 불편하게 다가올 수도 있다.

하지만 아이들은 알지 못하는 것에 대해 두려워하는 경향이 있다. 알지 못하는 것들을 상상함으로써 두려움을 더 증폭시키곤 한다. 그렇기 때문에 죽음을 공개적으로 이야기하여 부풀려진 공포를 깨서 그 크기를 줄어들게 할 필요가 있다. 상처 입을 수 있는 아이들을 오히려 죽음 교육으로 보호할 수 있는 방법들은 충분히 있다.

이렇듯 죽음을 알아가려는 시도는 삶의 모습을 바꾸는 반환점이 되기도 한다. 그래서 죽음을 삶의 뒤에 숨겨 놓지 말고, 삶의 옆으로 끄집어내서 자세히 살펴보고, 탐구해 보는 것이 중요하다.

이렇게 우리 삶에 긍정적인 영향을 미칠 수도 있는 죽음을 우리는 왜 자꾸만 피하려 드는 것일까?

죽음을 공개적으로 이야기하면 어떤 변화가 있을까?
한림대학교 생사학연구소에서 주관하는 14주간의 웰다잉 교육을 받는 사람들을 대상으로 설문을 진행했다.
이들은 웰다잉 교육 전과 후에, 삶의 질과 관련된 질문에 답을 하게 된다. 심리적 건강은 눈에 띄는 변화가 있었다.
심리적 건강을 30점 만점으로 볼 때, 수업 전에는 18점이었던 것이 수업 후에는 22점으로 상승했다.
삶의 질에 영향을 미치는 심리적 요소인 공포감, 우울감 등에서 긍정적인 영향이 있었던 것으로 분석되었다.
즉, 이전보다 행복감이 높아진 것이다.

# *12*장

# 죽음의
# 역사

## 네 가지 매개변수, 각 시대별 죽음의 역사

프랑스 역사학자 필립 아리에스는 《죽음의 역사》(*The Hour of Our Death*)에서 인간이 죽음을 꺼리는 이유를 찾았다. 그는 네 가지 매개변수를 통해, 시대별로 죽음에 대한 관념이 어떻게 변해 왔는지를 이야기했다. 그 매개변수에 따라서 죽음도 역사를 갖는 것이다. 다시 말하면, 죽음에 대한 한 시대의 관념은 이 네 가지 변수가 합쳐져서 하나의 관념을 만든 것이다.

필립 아리에스는 20세기를 기점으로 죽음 역사의 판도가 바뀌었다고 말한다.
20세기 이전에는 인간의 욕망과 본능으로 대표되는 섹스가 금기의 대상이었는 데 반해,
20세기에 들어서는 죽음이 섹스 대신 금기의 대상이 된 것이다.
그렇게 금기의 대상이 된 죽음은 우리와는 점점 더 멀어지게 되었다.

**변수 1. 누구의 죽음인가?**

첫 번째 매개변수는 '누구의 죽음이냐' 하는 것이다. 우리의 죽음인가 아니면 나 개인의 죽음인가처럼, 죽음의 주체를 말하는 것이다.

**변수 2. 죽음에 대해 어떤 태도를 취하는가?**

두 번째 매개변수는 '죽음에 대해 어떤 태도를 취하는가'다. 죽음을 인정하고 받아들이는가, 아니면 적극적으로 부정하는가를 의미한다.

**변수 3. 내세에 대한 관념이 어떠한가?**

세 번째 매개변수는 '내세에 대한 관념이 어떠한가'다. 내세를 인정하는가, 인정하지 않는가를 말하는 것이다.

**변수 4. 죽음과 악의 관계는 어떤가?**

마지막 매개변수는 '죽음과 악의 관계가 어떻게 되느냐' 하는 것이다.

이 네 가지 변수는 각 시대별로 서로 다른 '죽음의 역사'를 탄생시켰다.

## 중세 초기: 우리의 죽음

사람들은 죽음을 '인류 공동의 운명'이라고 생각했다. 그래서 개인의 죽음보다는 공동체, 즉 '우리의 죽음'이라는 것에 더 집중했다.

## 중세 후기: 나의 죽음

사람들은 개인주의의 영향을 받아 죽음의 주체가 '나의 죽음'으로 변했다.

## 바로크 시대: 멀고도 가까운 죽음

과학이 발전하기 시작하며 죽음이 나와 멀어질 수도 있겠다고 느끼는 한편, 떨어질 수도 없다는 사실을 알게 된다. 그래서 죽음의 역사도 '멀고도 가까운 죽음'으로 변한다.

## 낭만주의 시대: 너의 죽음

종교의 힘이 약해지며, 사람들은 더 이상 신앙으로 죽음을 극복할 수 없다고 여긴다. 그리고 과학이 '내가 가지고 있는 죽음의 공포'를 극복할 수 있게 해준다고 생각하게 된다. 그래서 이 시대의 죽음은 나와는 관련 없는 '너의 죽음'으로 여겨지게 된다. 이 시대부터는 죽음이 나와 직접적인 관련이 없는 타인의 것이라 치부된다. 또한 죽음을 매우 미학적으로 표현하기 시작한다.

## 현대: 삶에서 완전히 멀어지게 된 죽음

결국 오늘날에 이르러서는 죽음을 삶에서 완전히 밀어낸다. 죽음은 우리의 것도, 나의 것도, 너의 것도 아닌 것이 되었다.

"지금까지 쓰인 적 없던 우리 문명사회의 이러한 법칙을 처음으로 정의한 사람은 영국의 사회학자 제프리 고러였다. 그는 죽음이 어떻게 금기가 되었고, 20세기에 들어 어떻게 죽음이 섹스 대신 주요한 금기 사항이 되었는지를 명확하게 보여 주고 있다."

프랑스의 역사가 필립 아리에스는 20세기를 기점으로 죽음 역사의 판도가 바뀌었다고 말한다. 20세기 이전에는 인간의 욕망과 본능으로 대표되는 섹스가 금기의 대상이었는 데 반해, 20세기에 들어서는 죽음이 섹스 대신 금기의 대상이 된 것이다. 그렇게 금기의 대상이 된 죽음은 우리와는 점점 더 멀어지게 되었다. 동양대학교 진중권 교수는 종교의 시대에서 의학의 시대로 바뀐 데서 그 이유를 찾는다.

"사람들은 옛날에 종교에 기대했던 걸 의학에 기대하게 되었고, 옛날에 신부님이나 목사님한테 기대했던 걸 의사들한테 기대하게 된 거죠."

그러나 오늘날의 사회가 이전 시대보다 더 죽음을 이야기하기 꺼리는 것은 의학과 과학의 발전 때문만이라고 할 수는 없다.

"자본주의는 소비를 근간으로 합니다. 소비를 중시하도록 하지요. 소비를 통해서 의미를 찾게 하기 때문에, 소비문화는 궁극적으로 죽음을 사라지게 만듭니다."

영국의 문화철학자 로먼 크르즈나릭은 자본주의가 죽음을 금기시하게 된 배경을 설명한다.

현재, 세계의 많은 지역들이 자본주의화되어 있다. 소비를 근간으로 하는 자본주의 사회는 무엇보다 현재의 필요를 충족시키는 데 강점이 있다. 미국 사우스플로리다대학 심리학과 제이미 골든버그 교수는 죽음을 거부하는 태도는 돈과 소유와 관련이 있다고 언급한다.

"자본주의는 가장 재화가 많은 사람이 이긴다는 생각을 가지고 만들어진 제도입니다. 따라서 죽음이 사람들의 선택에 영향을 주게 된다면, 사람들은 점점 더 자본주의와 물질주의, 즉 더 많은 소유를 원하는 것에 탐닉하게 될 것입니다. 죽음을 거부하는 태도는 돈과 소유와 관련이 있습니다."

산업혁명이 시작된 18세기 후반부터 20세기 이전까지는 생산이 중요했다. 그래서 생산 활동을 방해하는 섹스와 같은 쾌락을 금기시했다. 그런데 소비를 미덕으로 여기는 20세기 자본주의에서는 우리로부터 죽음을 잊게 함으로써 쾌락과 소비를 조장한다는 것이다.

"자본주의 사회에서는 사람들이 자신들에게 공급되는 재화들을 원할 것이라고 가정하며 살아갑니다. 이것은 죽음에 관한 공포를 해소하고

"자본주의는 가장 재화가 많은 사람이 이긴다는 생각을 가지고
만들어진 제도입니다. 따라서 죽음이 사람들의 선택에 영향을 주게 된다면,
사람들은 점점 더 자본주의와 물질주의, 즉 더 많은 소유를 원하는 것에 탐닉하게 될 것입니다.
죽음을 거부하는 태도는 돈과 소유와 관련이 있습니다."

자 시작된 사고방식입니다. 죽음에 대한 공포는 억압되었을 때 가장 큰
영향력을 발휘합니다."

금기는 곧 억압이라고도 할 수 있다는 것이다. 프로이트는 억압이
가지는 힘에 대해서 말했고, 어니스트 베커 역시 프로이트의 견해를
일부 수용했다. 무언가 자연스럽게 존재하는 것을 억압하면 어떠한
방식으로든 표출되어 사람들에게 영향을 미치게 된다는 것이다. 죽
음에 대한 생각을 억압할수록 그 생각에 대한 방어가 더욱 거세지면
서 사람들은 더욱 자본주의에 빠져들게 된다.

우선 베커의 말처럼 돈이 죽음에 저항 기제로 작용하는 면이 있
다. 돈은 자본주의 사회에서 가장 귀하게 여겨지는 것이다. 따라서
돈을 많이 가질수록 죽음을 방어하려는 성향이 강해진다. 마찬가지
로 여러 서비스나 재화들을 누리는 것으로도 이러한 성향이 강해질
수 있다. 가령, 성형수술을 하거나 사치품을 갖는 것들로 죽음을 방
어하려 한다. 이외에도 소비자들이 영원히 젊게 살 수 있을 것이라
느끼게 해주는 서비스나 그들을 사회적 존재라고 각인시켜 줄 수 있
는 재화들을 통해 죽음에 대한 생각에 저항하게 된다. 동양대학교
진중권 교수는 항상 젊게 살려는 욕구 자체도 죽음을 망각하는 표지
라고 말한다.

"요즘 사람들은 화장이나 성형 같은 걸 통해서 항상 젊게 살려고 하잖

아요. 아주 적극적으로 죽음을 망각하는 겁니다. 그래서 현대에 들어오면 죽음은 아예 금기가 되어 버려요."

이렇듯 현재의 필요의 충족에 강점을 둔 자본주의 사회에서 죽음은 점차 고려대상에서 멀어지게 된다. 자본주의적 논리가 인간으로 하여금 죽음과 삶을 분리하여 생각하도록 만든 측면이 있기 때문이다. 사람들이 경제적 부의 축적을 삶의 유일한 목적이라고 생각한다면 당연히 죽음은 아무 의미 없는 것이 되고 그것에 대해서 말하는 것을 꺼리게 되는 것이다.

또한 현대사회에서의 종교의 쇠퇴도 죽음을 금기시하게 만드는 한 요인이 되었다. 사후세계를 통해 죽음에 대해 생각하게 한 종교가 쇠퇴하면서, 죽음이 더 이상 충분히 이야기되지 않게 되었다. 한편 공동체의 쇠퇴로 인해 사람들이 이전보다 더욱 개인적인 삶을 살게 되었고, 병원이라는 보호된 환경에서 죽음을 맞이하기 때문에 죽음이 격리되거나 더 깊이 이야기되지 않는 경향도 있다.

이렇게 죽음을 격리시키고 망각할 수 있다면 죽음으로부터 벗어날 방법도 있을까?

# 죽음을 피할 수 있다?

◇◇◇◇◇◇◇◇◇◇◇◇◇◇◇◇◇◇◇◇◇◇◇◇◇◇

"저는 죽음에 대해 그렇게 많이 생각하지 않습니다. 저는 실용적인 성
격이라 저를 포함한 다른 사람들이 아픈 것을 막는 방도에 대해 고민합
니다. 또한 저는 다른 어떤 원인으로도 죽는 것을 원치 않습니다. 저에
게 마지막 숨을 쉬는 순간 따위는 오지 않을 겁니다."

영국 케임브리지 대학교의 의학박사이자 세계적인 생명과학자인
오브리 드 그레이 박사는 인간이 죽음을 피할 수 있다고 말한다. 인
간의 영생을 위한 다양한 연구가 진행되고 있는 미국 캘리포니아의
SENS 재단. 이곳에서 노화에 관한 생물학적 연구를 하고 있는 그레
이 박사는 노화로 인한 손상을 극복할 수 있는 약이 만들어지기만
한다면, 인간의 수명에 제한이 없을 거라고 주장하고 있다.

"손상의 사례들 모두에 거의 동일하게 적용될 수 있는 복구 방법이 있
습니다."

그는 인체의 손상을 막는 7가지 이론적 방법을 고안해 냈고, 이것
을 근거로 노화를 방지하여 수명을 연장하는 약을 개발할 수 있다고
말한다. 그는 2002년에 발표한 자신의 7가지 카테고리 이론의 허점
을 발견하고 반박하는 사람에게는 2000만 달러를 주겠다고 공표하

세계적인 생명과학자인 오브리 드 그레이 박사는 인간이 죽음을 피할 수 있다고 말한다.
노화로 인한 손상을 극복할 수 있는 약이 만들어지기만 한다면, 인간의 수명에 제한이 없을 거라고 주장하고 있다.

였으나 아직까지 이 이론에 이의를 제기할 수 있는 사람은 나타나지
않았다.

오브리 드 그레이 교수가 제안하는,

노화로 인한 손상을 막는 7가지 카테고리

### 세포와 관련된 카테고리

① 첫 번째 카테고리는 세포가 죽은 뒤 자동적으로 그 자리에 세포분열이 일어나지 않았을 경우다. 이럴 경우 세포의 수는 줄어들고 결국 조직이나 기관은 제대로 기능을 하지 못한다. 파킨슨병이 그 예다.

② 두 번째 카테고리는 세포의 수가 오히려 많아지는 상황이다. 이는 세포분열이 일어나지 않아도 되는 때조차 세포분열이 계속 일어났기 때문이다. 이러한 경우는 사람의 몸에서 자주 드러나는 현상이며, 때로는 암으로 정의되기도 한다. 암은 노화와 관련된 유명한 질병이기도 하다.

③ 세 번째 역시 세포 수의 과다 현상이지만, 두 번째와는 다른 이유로 일어난다. 바로 세포가 죽어야 할 때 죽지 않기 때문에 그 숫자가 늘어나는 경우다. 대부분의 사람들은 세포가 죽는 것이 자연스러운 일이라고는 생각하지 않는다. 그러나 사실 세포의 죽음은 우리 몸의 특정 부

분에서는 지극히 필요한 일이다. 면역 체계가 바로 그 예다. 어떤 사람들에게는 면역 체계가 제대로 작동하지 않는데 그 이유는 바로 면역 체계 내의 세포의 죽음이 자연스럽게 일어나지 않고 있기 때문이다.

## 분자와 관련된 카테고리

④ 분자와 관련된 카테고리 중 첫 번째는, 세포 내부의 것과 관련된 상황으로 미토콘드리아가 기형이 된 것이 있다. 미토콘드리아란 세포 기관의 하나로, 섭취된 영양분을 호흡을 통해 얻어진 산소와의 화학 작용을 통해 연소하여, 세포 및 몸 전체에 필요한 에너지를 만들어 낸다. 미토콘드리아는 고유의 DNA를 지니며, 그들의 DNA는 다른 크로모좀의 DNA보다 훨씬 더 손상에 취약한 특징이 있다.

⑤ 두 번째는, 세포 내부에서 일어나는 또 다른 현상은 바로 노폐물의 생성이라는 지극히 단순한 과정이다. 정상적인 활동을 한 세포는 노폐물을 만들어 낸다. 하지만 세포 내부에서 이러한 노폐물을 처리하는 기능이 없다면 이것은 세포 내부에 쌓이게 된다. 집에서 매주 쓰레기를 모아 밖에다 내다 버려야 하며, 한 달 동안 쓰레기를 버리지 않으면 집안이 엉망이 되듯, 세포의 노폐물 배설 기능이 약화되면 세포 역시 정상적인 기능을 하기 힘들다. 이렇게 되면 노화의 가장 전형적인 질병이라 할 수 있는 심장병에 걸려 뇌졸중과 심장마비에 취약하게 되며, 노년기의 실명의 원인이 되는 황반 퇴화로 인한 시력감퇴가 오게 된다.

## 세포 바깥에서 일어나는 카테고리

⑥ 첫 번째는 몸이 어떻게 처리해야 할지 갈피를 잡지 못하는 노폐물 배설과 관련된 것이다. 이 상황을 별개의 카테고리로 분류한 이유는, 이 상황에서는 세포 내의 노폐물 처리 상황과는 다른 방식으로 접근해야 하기 때문이다.

⑦ 두 번째는 교차 결합이라 불리는 경우다. 조직들은 세포외기질이라는 단백질들로 연결되어 있다. 이러한 기질들은 나이가 들어감에 따라 탄력성이 떨어지고, 이는 고혈압의 원인이 된다.

그는 노화에 따라 생기는 질병이나 장애는 생애 전반에 걸쳐 인체의 손상이 누적된 결과로 인한 부작용이라 보았다. 따라서 노화로 인한 모든 병이나 장애를 미연에 방지하거나 지연시킴으로써 생명을 무기한 연장하고자 하고 있다. 그렇게 되면 인간은 천 년 이상도 살 수 있다고 그는 확신한다.

"제가 가능하다고 믿지 않았다면 그렇게 말하지도 않았을 겁니다. 노화로 인한 손상을 극복할 수 있는 약이 만들어지기만 한다면, 인간의 수명에 대한 제한이 있을 필요가 없습니다. 자동차를 예로 들어 보면, 원래 예상했던 수명보다 다섯 배, 심지어는 열 배 정도의 시간이 더 흘렀음에도 불구하고, 처음 만들어졌을 때의 성능과 별 차이 없이 작동하는 자동차들을 볼 수 있습니다. 우리는 바로 이런 원리로 인간 수명에 접근했습니다."

하지만 노화의 예방으로 인해 사람들의 수명이 기하급수적으로 늘어나게 되면 지구라는 공간은 사람들로 가득 차게 될 것이다. 그는 이것에 대한 대안책이 있을까?

"사람들이 그러한 가능성에 대해서 걱정하는 것도 무리는 아닙니다. 그러나 자연 환경에 해를 입히지 않으면서 지구에서 삶을 영위할 수 있는 인간의 숫자는 고정된 것이 아닙니다. 그 숫자는 기술에 의해 변화되는 것입니다. 신경 생물학이나 핵기술과 같은 우리의 과학 기술이 더 발전되어 간다면, 화석연료를 덜 쓰게 될 수 있으며, 이로 인해 환경을 덜 오염시킬 수 있습니다. 그리하여 기술이 발전 할수록 더 많은 사람들이 지구에서 살 수 있습니다."

그는 기술의 발전이 인구의 증가보다 더 빠를 것이며, 이러한 시대는 상대적으로 빨리 도래할 것이라고 예측하고 있었다. 그러므로 노화를 방지하여 수명을 늘리는 약이 개발된다고 하더라도 인구 증가폭으로 인한 부작용은 매우 적을 것이라고 낙관했다. 인간이 수명을 연장하고 죽음을 가능한 한 최대한 연기할 수 있다면 인간은 죽음에 대해 '두려워'하기보다 사고나 전염병과 같은 죽음의 가능성을 더 '조심'하게 될 것이라고 믿고 있었다.

노화만 막으면 영원히 살 수 있다…. 그의 이론은 확실히 인류에게 획기적이며 매혹적이지 않을 수 없다. 하지만 이것은 아직 그의 이론에서만 가능한 일이다. 그렇다면 여전히 변하지 않는 사실은, 죽음은 피할 수 없다는 것이다.

# *14* 장
# 죽음 개방화

## **매일이 작은 죽음의 연속이 되게 하라**

영국의 문화철학자 로먼 크르즈나릭은, 오히려 죽음을 외면하지
말고 공개적으로 이야기해야 한다고 말한다.

"우리가 죽음과 분리되어 있다고 이야기하는 이유는 죽음으로부터 회
피하려는 데 있습니다. 만약 우리가 죽음이 개방화된 사회에서 살고 있
다면 어땠을까 생각해 보게 됩니다. 우리의 인생이 짧다는 것을 알게 된
다면 사람들의 삶에 많은 변화가 있을 것입니다."

죽음 개방화라는 개념을 사용하기 시작한 로먼 크르즈나릭은 죽음에 대한 논의가 개방적으로 이루어진다면 사람들이 더 잘 죽을 수 있을 거라고 말한다. 적어도 삶에 대한 많은 후회나 회한을 지닌 채 죽음을 두려워하며 맞이하는 것을 방지할 수 있을 거라고 말한다. 그런데…'잘 죽는다'는 건 어떤 의미일까? 어떻게 죽어야 잘 죽는 것일까?

"잘 죽는다는 것의 의미를 곰곰이 생각해 보아야 합니다. 역사적으로는 잘 죽는 것은 천국에 가는 것을 의미했습니다. 죽음을 잘 준비한다는 것은 죽음의 불가피성을 뼛속 깊이 새기고 그 사실로 말미암아 자신의 삶을 바꾸는 데 쓰는 것이야말로 진정으로 죽음을 잘 준비하는 것입니다. 보다 열정적으로 살고, 항상 도전하면서 사는 것이지요. 그저 숨이 멈출 때까지 가만히 앉아서 기다리는 것이 아닙니다. 삶을 잘 살아내는 것이야말로 '웰다잉'이라고 할 수 있습니다."

모든 문화권에서는 이상적인 삶의 모습으로서 현재에 충실한 삶의 자세를 꼽았다. 삶은 유한하고 죽음은 언젠가 찾아오리라는 명백한 진실은 지난 인류의 역사를 통해 우리가 배워 온 것이라는 것이다. 로먼 크르즈나릭은, 근사체험자처럼 살아나가는 것이 현재에 충실할 수 있는 방법이라고 말한다.

죽음 개방화라는 개념을 사용하기 시작한 로먼 크르즈나릭.
삶은 유한하고 죽음은 언젠가 찾아오리라는 것은 명백한 진실이다.
그는 삶을 잘 살아내는 것이야말로 '웰다잉'이라고 말한다.

"죽음에 대해 배울 수 있는 가장 최선의 방법은 근사체험자들에게 그들의 경험을 묻는 것입니다. 저는 많은 근사체험자들을 인터뷰했는데요. 그들은 아주 짧은 순간의 체험들로 인해 삶 전체가 바뀌는 경험을 했습니다. 그들은 자신의 삶을 그저 받아들이는 것이 아니라 끊임없이 자기가 진짜 좋아하는 직업이 무엇인지, 주변 사람들과의 관계는 어떠해야 할지에 대해 의문을 품으며 열정적으로 살아가고 있습니다. 저는, 가장 좋은 근사체험은 그저 매일이 작은 죽음의 연속임을 깨닫는 것이라고 생각합니다. 그렇게 되면 현재의 삶을 충실히 살아낼 수 있겠죠."

죽음을 배울 수 있는 최선의 방법은 죽음을 경험했던 사람, 또는 죽어 가는 사람에게 그들의 경험을 묻는 것. 그것은 죽음을 곁에 두라는 말에 다름 아니다.

## 불편한 진실을 예술로 공개하다

가장 가까운 사람의 죽음을 경험한 이후, 죽음을 늘 곁에 두기 시작한 예술가가 있다. 죽어 가는 사람들을 그리는 화가 안토니아 롤스. 그녀는 남편이 암으로 죽어 가는 모습을 그리면서 죽음을 앞둔 환자들의 모습을 그리기 시작했다.

"스티브가 암 진단을 받았을 때, 저는 제가 그를 사랑하기 때문에 그는 괜찮을 거라고 생각했어요. 저는 사랑이 전부라고 생각했었거든요. 누군가를 사랑하게 되면 그것이 영원하다고 여겼죠. 그래서 스티브는 죽지 않고 그에겐 나쁜 일도 일어나지 않을 거라고 믿었죠. 하지만 그는 결국 죽었어요. 여기서 교훈을 얻었습니다. 사랑은 중요하지만 죽음을 막을 수는 없다는 것을요."

안토니아 롤스는 2007년 자신의 남편인 스티브가 암 진단을 받은 이후로 죽어 가는 사람들을 그리기 시작했다. 스티브는 암 투병으로 인한 극심한 고통 때문에 눈을 뜰 힘도 없었다. 안토니아는 그런 그의 남편이 어떤 상태였는지 현실적으로 정확히 그렸다.

"가장 중요한 것은 진실을 써 내려가는 것이며 진실을 그리는 것입니다. 죽음을 앞둔 사람이 바라보는 진실이요. 보이는 그대로 죽음 그 자체를 말하고 보여 주는 것입니다. 바로 지금이 진실이고 그들이 직면한 현실입니다. 바로 지금 그들이 어떻게 보이는지가 그들의 현실인 거죠. 그는 여기서 아이처럼 보입니다. 더는 그 자신을 제어할 힘이 없어요. 더는 의식도 남아 있지 않고요. 하지만 여전히 살아 있습니다. 그는 저에게 무척 아름다워 보였어요."

사랑하는 사람이 죽어 가는 것을 보는 것만으로도 그것은 사투와

안토니아 롤스는 자신의 남편인 스티브가 암 진단을 받은 이후로 죽어 가는 사람들을 그리기 시작했다.
사랑하는 사람이 죽어 가는 것을 보는 것만으로도 그것은 사투와 같은 일이었다.
하지만 안토니아는 진실을 남기기 위해 그림을 그렸다. 그리고 그림을 그리면서 더더욱 현실을 직면해야 했다.

같은 일이었다. 하지만 안토니아는 진실을 남기기 위해 그림을 그렸다. 그리고 그림을 그리면서 더더욱 현실을 직면해야 했다. 질병, 누렇게 된 피부, 푹 가라앉고 누렇게 뜬 눈, 앙상한 팔, 휠체어, 질병의 이 모든 가시적인 결과들을 있는 그대로 직시해야 하는 일이었다. 그러나 그녀는 죽음의 현상을 직면하면서 그녀의 삶 자체에 커다란 변화를 경험했다. 그리고 그 경험을 다른 사람들과 함께 나누기로 결심했다. 죽어 가는 사람들을 그리기로 마음먹은 것이다.

하지만 그녀가 죽어 가는 사람들을 그리겠다고 하자 딸 캐롤라인은 걱정부터 앞섰다.

"처음엔 놀랐어요. 왜냐하면 '죽음'은 짧은 단어이지만 많은 의미를 담고 있으니까요. 죽음에 관한 작품을 좋아하지 않는 사람이 있을 것이라고 생각했고, 그 사람들 때문에 어머니가 실망하는 모습을 보기 싫었어요."

그러나 캐롤라인의 걱정은 기우였다. 안토니아 롤스의 전시회에 온 사람들은 한결같이 깊이 공감하거나 감동을 받으면서 자신의 죽음과 삶에 대해 성찰하는 기회를 가졌다는 반응을 보였다.

"죽어 가는 사람들의 외관을 묘사할 뿐만 아니라 가족들이 겪는 느낌이나 감정도 아주 잘 나타냈더군요. 제 친오빠가 5년 전에 암으로 세상을 떠났지요. 그래서 저는 그 상황에 놓인 사람들의 감정을 정말 잘 압니다. 안토니아는 그 감정을 너무도 잘 표현했더군요."

'우아한 죽음'이라는 제목으로 열린 안토니아의 전시회에 온 관람객은 그림을 보며 자신의 과거를 떠올리고 공감하며 자신의 감정을 밖으로 표현할 수 있었다. 사람들은 의외로, 죽음을 우울하거나 슬프고 불길한 것이기 때문에 피해야 한다고 생각하지 않고 오히려 진지하게 인생을 돌아보는 능력을 드러내 보였다.

"어떻게 죽음을 맞이해야 할지 깊이 생각하게 합니다. 언젠가는 죽음에 직면해야 하기 때문에 도망칠 수 없죠."

"죽음에 관한 이야기들이 정말 흥미로워요. 고통스럽기도 하고 평화롭기도 한 죽음에 대해 생각해 보았죠. 다양한 죽음의 모습을 볼 수 있는 기회였습니다."

## 죽음에 관한 솔직한 대화

안토니아는 죽어 가는 사람들의 초상화를 그릴 때, 자신의 모델이 되는 사람들과 죽음에 관해 솔직한 대화를 나눈다. "곧 나을 거예요"

라든가 "이런 이야기는 고통스러우니 하지 말죠"와 같은 대화는 하지 않는다. 대신, "저에게 모든 것을 말씀해 주세요", "지금 일어나는 모든 일을 말씀해 주세요"라고 말을 건넨다. 그러면 환자는 말을 하면서 스스로 치유된다. 자신이 더 이상은 이 땅에 존재하지 않게 될 것이라는 것도 안다. 하지만 진실을 말할 때 그들의 마음은 치유된다. "저는 두려웠지만 정작 그분들은 죽음에 대해 말하는 것을 두려워하지 않았어요."

많은 사람들이 죽어 가는 환자에게 죽음에 대해 말을 건네기를 꺼린다. 일단 죽음에 대해 이야기하면 정말로 죽음이 찾아올 거라는 미신적 믿음이 여전히 사람들의 무의식 가운데 자리하고 있다. 또, 사람들은 죽음을 앞둔 사람들이 두려워하고 있을 거란 오해 때문에 그들에게 죽음을 터놓고 이야기하지 않는다. 정작 그들은 곧 떠날 것이기에 진실로 죽음에 대해 이야기하고자 하는데도…. 죽음이 내게는 찾아오지 않을 거란 착각 때문에 그렇기도 하다. 언젠가는 우리 모두 죽을 것이라는 걸 알고는 있지만 살아 있는 동안 우리는 진심으로 그것을 믿지는 않는다. 안토니아는 바로 이것을 직시하고, 또한 거부한다.

"죽음이 삶의 당연한 일부라는 점에서, 그리고 모두가 죽을 것이라는 사실에 대해 사람들과 소통하고 싶어요."

그런 그녀의 52번째 모델, 클레어. 4년 전, 크리스마스 이브에 6개월 시한부 판정을 받은 클레어는 죽음의 예비처인 호스피스에서 안토니아를 만났다.

"크리스마스 이브 날 밤, 저는 병원에서 무너져 내렸죠. 정말 오랜 시간 동안 저는 두려움 속에서 살았습니다. 그런데 안토니아가 저를 그려 주겠다고 제안했어요. 무척 놀랐습니다. 그런 사람을 본 적이 없기 때문입니다."

피부조직에 암이 생긴 편평세포암종에 걸린 클레어는 5시간의 수술 끝에 목에 있는 분비선을 제거하고 목에 50개의 스테이플을 박는 등 혹독한 과정을 거쳤다. 그러나 수술 후 18개월만에 목에 종양이 2개 더 생기고, 분비선과 혀끝에도 암이 발견되었다. 치료하지 않는다면 암으로 죽을 터였지만 방사선치료와 항암치료는 고통으로 죽게 할 것 같았다. 이후에도 몸에 점이나 작은 혹이 생기자 병원에서는 그녀가 곧 사망할 것이라 판단하고 호스피스로 옮기게 했다. 클레어는 그곳에서 자원봉사자 안토니아를 만났다. 안토니아는 클레어에게, 자신은 죽음을 곧 맞이할 사람이나 어려운 상황을 견뎌내고 살아남은 사람들을 그린다고 소개하면서, 그녀를 그리고 싶다고 말했다. 클레어는 그 제안을 흔쾌히 수락했다.

"저는 죽음을 앞둔 상황에서 저 자신이 투명인간처럼 느껴졌죠. 정말로…끔찍한, 견딜 수 없는 고통에 시달리고 있었기 때문에 곧 죽을 것이라는 사실을 받아들였고, 심지어 죽고 싶었습니다. 유일하게 고통받지 않는 시간은 잠잘 때였어요. 그래서 저는 영원히 잠들고 싶었습니다. 고통에서 벗어나기 위해서요."

당시의 클레어는 그 어떤 것의 중요성도 상실한 채 육체적 고통으로 인해 자기 자신을 완전히 상실해 버렸다. 난순히 침내에 누워 죽음을 앞둔 사람이었다. 그때 안토니아가 그녀에게 다가간 것이다.

"저한테 '당신은 여전히 소중한 존재이고, 죽기 전까지는 살아 있는 사람입니다. 당신의 초상화를 그리고 싶어요'라고 말하더군요. 그 말은 제게, 아직은 누군가가 저를 살아 있는 존재로 여긴다는 확신을 주었죠."

클레어는 담담히 말했다.

"사람은 생명을 위협받는 과정을 거치게 되면 모든 것에 무덤덤해지기 마련입니다. 나이가 든다는 것에 대해 생각하며 가끔은 투덜대기도 하죠. 하지만 더 이상 그런 것들은 중요해지지 않더군요. 죽음을 정상적이라고 생각하고 그 과정을 통해 살아나는 것을 느끼는 안토니아의 모습이 제게 기운을 북돋아 주었죠."

그녀는 인생의 변화를 경험했다. 아프기 이전엔 그녀 자신이 그림 그리는 일로 생계를 이어 나갔지만 더 이상 일을 하진 않는다. 하지만 사람들이 "저 사람은 돈을 벌어서 생계를 꾸려나가긴 힘들었지만 살아있었다"라고 인식해 주길 바란다.

"아프기 전에는 생계를 꾸려 나가야 했기 때문에 경제적으로, 시간적으로 일상을 벗어나 여행을 할 여유가 없었습니다. 비행기를 비롯하여 두려워하는 것이 많기도 했고요. 하지만 생명을 위협하는 병에 걸리고 보니, 이런 것들이 아무것도 아니더군요. 이제는 제 주위에 어떠한 보호막도 없다고 생각합니다. 보호막이 없기 때문에 무슨 일이든지 도전하려고 노력하는 것이 좋은 것 같아요. 이제 제가 하고 싶은 일을 해도 되는 거죠. 언젠가 제게 남은 시간은 어쩔 수 없이 멈추게 되어 있기 때문입니다.

제가 그려진 이 작품을 보고 사람들이 이렇게 말하는 걸 듣고 싶어요. '그녀는 인생을 발견하고 인생을 살아가는 방법을 깨우쳤다. 그녀는 해냈다.' 죽더라도, 죽으면서 죽는 것이 아닌, 살면서 죽을 수 있다고 생각합니다."

이제 그녀의 목표는 단순히 존재하는 것이 아닌, '인생을 살아가는' 것이다. 그녀는 이제 매순간을 소중히 여기면서 자기 자신을 포함한 모든 것이 소중함을 느끼며 살아가고 있다.

"비스켓을 먹거나 차를 마실 때 천국에 와 있는 기분이에요. 모든 일을 당연시하는 경향이 있어 이런 것들을 의식적으로 생각하지 못했죠. 신체의 기능을 잃고 나서야 오감에 더 예민해지고 감사하게 됐어요. 미래보다는 현재에 초점을 맞추고 살아가죠."

# 14장
## 죽음 교육

### 왜 죽음을 배워야 하는가

그렇다면 우리는 왜 죽음에 대해 배워야 할까?

일본 조지 대학에서 죽음 교육을 하고 있는 알폰스 데켄 교수. 독일에서 태어나 소년 시절 제2차 세계대전을 겪은 알폰스 데켄 교수는, 대학 시절 자원봉사자로 병원에서 활동하면서 일면식도 없는 어느 30대 환자의 임종을 지키게 되었다. 죽음을 눈앞에 둔 사람 앞에서 그는 무슨 이야기를 할지 몰랐다. 어떤 일상적인 이야기도 의미가 없다는 것을 깨달았기 때문이었다. 그는 인간에게 가장 중요한 것은 무엇일까, 어떤 것이 영속적인 가치가 있을까 하는 의문들로 흔들렸다. 그때 그 일면식도 없는 환자의 죽음이 그의 인생을 근본적으로 바꾸어 놓았다. 이후, 그는 죽음이란 무엇이며, 어떻게 생각하며 살아야 자신답게, 그리고 바람직하게 죽음을 맞이할 수 있을까 등 '죽음의 철학'을 그 자신의 필생의 연구 과제로 삼게 되었다. 그는 죽음 교육의 의미에 대해 '시간의 가치'를 첫 번째로 꼽는다.

"죽음 교육을 하면서 시간의 소중함에 대해서 깨닫게 될 수 있습니다. 시간의 소중함을 깨달아 시간을 허비하는 것을 막는 것입니다. 시간의 가치와 삶의 가치를 깨닫게 되는 것은 죽음 교육의 중요한 측면 중 하나입니다."

시간의 가치를 일깨우는 것, 죽음을 바라봄으로써 하루하루를 어떻게 살아야 할지 생각하는 것이 죽음 교육의 중요한 목표 중 하나라고 그는 말한다.

죽음 교육이 주목을 받게 된 과정은 대략 이러하다. 20세기는 전쟁의 세기라고 할 수 있을 정도로 세계 곳곳에서 커다란 전쟁이 일어났다. 전쟁으로 인해 숱한 생명들이 잔인하고 허망하게 목숨을 잃어 갔고, 살아남은 사람들은 자신들이 목격한 처참한 죽음의 광경으로 인해 남은 일생을 고통 속에 살아갔다.

이후 평화가 이루어지면서 생명 연장을 위한 의료기술이 놀라운 속도로 발전했다. 많은 사람들이 의료의 혜택을 받으며 수명이 늘어

낳지만 발전의 결실 이면에는 그에 대한 부작용도 있었다. 중병에 걸린 사람들 대부분이 병원에서 첨단 의료기계에 둘러싸여 여러 가지 튜브를 꽂은 채 죽음을 맞이하게 된 것이다. 머지않아 임종의 순간이 다가올 것을 알면서도 가족들은 작별 인사를 할 겨를도 없이 심폐소생술 등의 조치 때문에 병실 밖으로 쫓겨난다. 의료관계자는 오직 육체의 생명의 유지에 관심을 쏟고 있는 것이다. 편안하게 죽음을 맞이하고 싶은 환자의 가족에게는 이것이 인간다운 죽음의 방식인가라는 회의에 들게 된다. 이렇게 되자 죽음은 더욱 일상에서 격리되고 금기시되며, 죽음을 마음으로부터 준비할 기회는 더욱 사라지게 되었다.

삶에서 가장 큰 사건이자 시련이라 할 수 있는 죽음에 대해 마음의 준비를 할 틈도 없이 사랑하는 사람을 떠나보내야 하는 상실, 그리고 나 자신이 죽어야 하는 충격을 많은 사람들이 겪으면서 사람들은 인간다운 죽음에 대해 고민하게 되었다. 그리고 죽음 교육이 점차 생겨나기 시작했다.

그러나 우리의 일상적인 교육에는 이러한 죽음 교육이 포함되어 있지 않다. 죽음학의 대가이자 일본 도쿄대학에서 죽음학을 가르치고 있는 칼 베커 교수는 이를 지적하며 다음과 같이 말한다.

"오늘날 우리의 교육은 진정한 지성, 지혜, 동정심, 타인을 돌보는 삶, 그리고 베푸는 삶의 의미를 깊이 숙고하는 데 별 도움이 되지 않습니다. 실은 이런 것들 때문에 교육이 필요한 것인데요. 죽음을 바라보면 이런 것들을 생각하게 합니다. 죽음 교육은 경제적이고 물질적인 것들은 금세 사라지는 것이란 걸 깨닫게 해주죠. 금세 사라지지 않을 것들로 당신의 마음과 정신을 키우십시오."

그렇다면 우리나라는 어떠한가? 교육열은 하늘로 치솟고, 중고등학교에서는 대학입학시험, 대학에서는 취직시험을 치르기 위한 공부나 훈련에 온 힘을 쏟는다. 그러나 정작 인생에서 실제적으로 숭요한 사건에 맞닥뜨렸을 때의 대안은 없다. 동양대학교 진중권 교수는 우리나라에 특별히 필요한 교육은 바로 사랑 교육(아르스 아마토리아)과 죽음 교육(아르스 모리엔디)이라고 강조한다.

"어떻게 두 남녀가 대등하게 만나서 평화롭고 신사적으로 교제하면서 상대를 배려하는지, 남자와 여자가 어떻게 감정적으로 다른지 등을 배우는 것이 필요해요. 이런 것들을 배우는 것이 필요한데 안 하고 있죠. 또 하나는 죽는 방법에 대한 교육이 있어야 합니다. 사랑이라는 것은 구성원을 공동체에 입장시키는 절차죠. 사랑의 결실로 생명이 태어나잖아요. 그렇다면 죽음이라는 것은 구성원을 공동체 바깥으로 퇴장시키는 절차죠."

그렇다면 우리는 구체적으로 어떻게 죽음 교육을 할 수 있을까?

진중권 교수는 우리나라에 특별히 필요한 교육은
바로 사랑 교육(아르스 아마토리아)과 죽음 교육(아르스 모리엔디)이라고 강조한다.

## 죽음 교육의 방식

죽음은 삶의 한 부분이다. 좋은 죽음을 준비하는 것은 삶의 과정을 잘 준비하는 것으로도 볼 수 있다. 다시 말해, 개인이 끝까지 잘 살려고 노력한다면 그것 역시 좋은 죽음의 한 방식이 될 수 있을 것이다. 하지만 죽는 법에 대해서 우리가 배워야 할 부분도 있다.

중세 유럽에서는 이미 라틴어로 쓰인 죽음의 기술에 관한 책이 있었다. 그것이 《아르스 모리엔디》다. 당시 사람들은 삶의 기술뿐 아니라 죽음의 기술까지도 말하고 있었던 것이다. 좋은 죽음을 맞이하는 준비는 사실 일생에 걸쳐 행해야 할 무엇이다. 죽음의 기술을 교육하는 것이 죽음 교육의 목표 중 하나다. 그렇다면 어떤 방식으로 일생에 걸쳐 죽음의 기술을 교육해야 좋은 죽음을 준비할 수 있도록 도와줄까?

## 중고등학생을 위한 죽음 교육

죽음 전문가들은 무엇보다 중고등학교에서 죽음 교육을 하는 것이 중요하다고 말한다. 알폰스 데켄 교수는 중고등학교에서 죽음에 관한 교과서를 만들어 가르치고, 1년에 하루 죽음에 대해 생각하는 날을 갖게 해야 한다고 주장한다.

독일은 통일 전 서독의 국공립학교에서 매주 두 시간씩 종교수업 시간을 통해 죽음 교육을 실시했다. 그리고 통일 후 서독의 방식이 독일 전체에 확대되어 갔다. 하지만 학생들에게 특정한 죽음의 세계관을 강요하지는 않고 학생 자신이 스스로 생각하는 법을 가르친다. 죽음이라는 주제를 종교의 관점에만 한정시키지 않고 철학, 의학, 심리학, 문학, 종교 등 다양한 측면에서 학제적으로 가르치는 것이다. 이런 종교수업이 초등학교 1학년부터 고등학교 최종학년에 이르기까지 일관되게 시행되고 있어, 학생의 성장과정에 맞게 죽음이라는 주제를 공부할 수 있는 기회와 시간이 충분하다.

독일에서는 현재 20여 종의 죽음 교과서가 발간되고 있는데, 보통 한 학기 동안 사용되는 이 교과서는 죽음, 장례의 의미 등 중요한 내용을 다루고 있다. 예를 들어,《죽음과 죽어 가는 과정》(*Sterben und Tod*)이라는 독일의 중학생용 교과서는 다음과 같이 죽음에 대한 다섯 가지 테마와 내용을 담고 있다.

### 1. 죽음과 장례식
세계 각국의 죽은 사람을 매장하는 자료와 사진들과 함께, 장례식의 의의, 장례에 관한 관습의 다양한 내용, 신문에 실린 부고의 사례, 장례식을 위한 구체적인 제안들이 풍부하게 실려 있다.

## 2. 청소년의 자살

청소년 자살의 구체적인 사례, 그 원인과 동기가 자세히 언급되어 있다. 또한 '생명의 전화' 전화번호와 같이 자살을 예방하는 방법을 자세히 안내하고 있다.

## 3. 인간답게 죽는 방법

생명을 인위적으로 영위하는 문제 및 적극적·소극적 안락사 문제가 다루어지고 있다. 죽어 가는 사람이 어떻게 생의 마지막 시간을 인간답게 보낼 수 있을지, 그를 돌보는 우리는 어떤 도움을 줄 수 있을지 등의 내용을 다루고 있다.

## 4. 생명에 대한 위협

자연사와 같이 피할 수 없는 죽음과, 전쟁이나 환경오염, 직업병, 교통사고 등과 같이 주의하고 노력하면 피할 수 있는 죽음을 구분하여 설명한다. 또한 국제인권보호위원회의 활동 상황, 미성년자 마약 중독환자의 보호, 위험한 화학약품 단속법 등 생명을 위협하는 것과 싸우는 사례 등을 보여 준다.

## 5. 죽음의 해석

동서고금의 철학과 종교가 죽음의 의미와 해석, 사후 생명의 가능성을 어떻게 이해해야 하는지 소개하고 있고, 유태교, 이슬람교, 마르크시즘 등의 생사관도 알려 준다. 학생들이 죽음의 의의에 대한 해석을 자유로이 선택하도록 다양한 해석을 소개한다.

이외에도 죽음 전문가들, 의사나 간호사들을 초청하여 강연을 듣고 죽음과 장례 등에 대해 이야기하는 시간을 통해 죽음 교육을 실시한다. 특히 청소년의 경우, 직접 자살로 자식을 잃은 부모들을 초청하여 이야기를 듣게 하는 방법도 있다. 알폰스 데켄 교수는 이러한 경험에 대해 말한다.

"어느 날 저의 죽음철학 과목에, 자살한 아들을 둔 아버지를 초청한 적이 있습니다. 고등학교 2학년이었던 그의 둘째아들이 갑자기 자살을 했습니다. 이유도 알지 못했죠. 800명의 학생들 앞에서 그 아버지는 이야기를 하다가 당시의 상황이 생생하게 되살아나는 듯 목이 메어 말을 잇지 못했습니다. 그는 남은 가족의 입장에서 온갖 상상에 시달리며 고통받고 있음을 이야기했습니다. 그 일이 있고 난 뒤 반 년쯤 시간이 지난 후 한 학생이 제게 와서 말하기를, 당시에 자살을 진지하게 생각하고 있었는데, 그 아버지의 모습을 보고 마음을 바꾸었다고 했어요. 자신의 부모님을 그런 고통 속에서 살게 하고 싶지 않다는 것이었습니다."

이렇게 한 사람의 자살 이후 남겨진 가족들의 아픔을 깨닫게 하는 것은 귀중한 자살 방지책이 될 수 있다.

그 밖에도 죽음 교육의 방식은 다양하다. 교사는 고등학교 문학 수업을 활용할 수 있다. 문학 수업 시간에 죽음과 관련된 작품을 읽으면서 학생들에게 죽음에 관한 질문을 던질 수 있다. 또한 죽음을 가까이 접하는 호스피스 병동에서 근무하는 간호사들을 초대할 수도 있다. 이들을 통해 죽어 가는 부모를 둔 자식들은 부모의 임종 전 그들과 가장 깊은 인간적인 대화를 나누는 것이 얼마나 중요한지 깨달을 수 있다.

이처럼 문학에서부터 직접적인 경험담에 이르기까지 다양한 접근 방식으로 중고등학생을 위한 죽음 교육이 이루어질 수 있다. 이때 초대된 연설자들은 학생들에게 환심을 사거나 인상을 남기려 애쓰기보다는 죽음에 대하여 학생들 개개인이 직접 생각하도록 놉는 것이 중요하다. 예를 들어 "나의 자살이 나의 부모님에게 얼마나 큰 고통을 가져다줄 것인가" 하는 문제처럼 말이다.

## 대학생과 중년을 위한 죽음 교육

대학생을 위한 죽음 교육은 단순히 지식의 전달에 그치지 않고 학생 자신이 직접 죽음에 대해 생각하고 토론하도록 하는 방향으로 진행될 수 있다. 학생들은 학우들의 다양한 발언에 자극을 받고 수업에 적극적으로 참여함으로써 삶의 방식과 사고방식에 깊은 영향을 받는다.

알폰스 데켄 교수는 그 연습의 일환으로 "만일 앞으로 자신의 수명이 반 년밖에 남지 않았다면 남은 시간을 어떻게 보내겠는가"라는 주제로 짧은 에세이를 쓰게 한다. 자기 이름을 쓰지 않고 차분히 써 내려가도록 하면 삶과 죽음에 관해 깊이 숙고하게 할 수 있다.

두 번째 연습은 '작별의 편지 쓰기'다. 수신인은 부모나 형제, 친구, 연인 등 그 누구라도 관계 없다. 남아 있을 사람들에게 이별의 편지를 쓰면서 학생들은 처음으로 부모의 사랑을 자각하기도 했고, 가족, 친구, 선생님께 새삼 감사의 마음을 느끼기도 했다. 그리고 끝까지 이루지 못했던 일, 과거의 실패에 대한 후회, 누군가에게 잘못한 일 등을 성찰하기도 하고 반성하기도 한다.

그는 강의 초반에 언제나 학생들에게, "부모님께 마지막 순간을 어디서 맞이하고 싶으시냐고 질문해 보라"는 과제를 내준다. 놀랍게도 매년 결과는 동일하게 나타났다.

"90퍼센트 이상의 부모님들이 집에서 죽음을 맞고 싶다고 대답했어요. 하지만 현실은 95퍼센트 이상의 사람들이 병원에서 죽게 됩니다. 사람들이 원하는 것과 실제 일어나는 것에는 큰 차이가 있었습니다. 사람들은 집에서 죽음을 맞이하고 싶어 하지만 사실은 다들 종합 병원에 가서 죽음을 맞이한다는 모순을 학생들에게 보여 줌으로써 이 문제에 대해서 고민하게 하는 것입니다."

아직 죽음이 멀리 있다고 느끼는 대학생들에게도 이런 식으로 죽음에 대해 고민해 보게 하는 것은 과거를 성찰하고 현재 자신의 목표와 가치관을 세워 나가는 데 도움이 될 뿐 아니라 죽음의 사회적 일면을 바라보게 하는 데도 일조하고 있다.

한편 중년에 이른 사람들은 이제 회사 상사나 동료, 가족과 친지 등 가까운 사람의 죽음을 맞이할 일이 흔해진다. 지인들의 결혼식보다 지인들의 장례식에 참석할 일이 많아지게 되면서, 그리고 건강에 대해 자신할 수 없는 나이에 이르게 되면서, 점점 육체가 시들어감을 경험하게 되면서 인생의 위기를 맞게 된다. 하지만 이런 인생의 위기야말로 가치관을 재평가해 볼 좋은 기회다. 가치관의 재평가를 위한 한 방법으로, 자신의 묘비명을 쓰거나 남은 삶의 시간을 활용하는 방법을 생각해 보는 것이 좋은 죽음 교육이 될 수 있다. 묘비명을 써 보는 것은 지난날을 제3자의 눈으로 되돌아보고 평가함으로써 남은 시간을 어떻게 사용할지 생각해 보는 실마리가 된다. 또한 남은 시간을 사용하는 방법으로 알폰스 데켄 교수는 다음과 같은 방법을 제안한다.

1. 인생에서 가장 중요한 것을 열 가지 나열해 보십시오.

2. 그중에서 가장 잃어버리기 싫은 중요한 것부터 차례로 번호를 붙여 써 보십시오.

3. 실제로 지금 당신이 시간을 어떻게, 어떤 목적으로 사용하는지 적

어 보고 2번의 항목과 비교해 보십시오.

4. 양쪽이 동일한 항목에 똑같은 순서라고 한다면, 지금 조화로운 생활을 하고 있는 것입니다.

5. 그러나 중요한 것 중에 첫 번째로 거론한 것을 실행하고 있지 않다면 이제부터 생활을 어떻게 바꾸어야 할지 잘 생각해 보기 바랍니다.

이런 식으로 생활방식을 3년, 5년마다 점검하면서 자신의 가치관과 실생활이 크게 어긋나 있다는 것을 발견할 경우 그것을 수정함으로써 좀 더 자신의 가치관에 맞는 실생활을 영위할 수 있다.

유언장을 써 보는 것 역시 매우 바람직하다. 유언장을 쓰지 않은 상태에서 가족이 갑작스러운 죽음을 맞이한 경우 남은 가족들은 심정적으로나 물질적으로 대처할 방법이 요원하다. 하물며 상속의 경우는, 유족과 친지들 사이에서 누가 무엇을 가질지에 대한 싸움이 발생하여 고통받거나 법정다툼으로까지 이어지는 경우가 다반사다. 상실을 애도하고 죽은 이를 기려야 할 죽음이라는 사건이 분쟁과 탐욕의 전쟁터로 이어지는 것은 안타까운 일이 아닐 수 없다. 따라서 유언장을 써 두는 것은 이러한 상황을 미연에 방지하고, 스스로 죽음에 대한 긍정적인 준비를 하게 할 뿐 아니라, 사랑하는 이들에게 꼭 하고 싶은 말을 남겨 두는 데 도움이 된다.

## 고령자를 위한 죽음 교육

같은 동년배들이 차차 죽어 가는 것을 목격하고 이제 곧 자기 차례가 될지 모른다는 부담을 가지게 되는 고령자들은 마음 깊은 곳에서 늘 죽음이 쫓아오고 있다는 사실을 안고 살 수밖에 없다. 사실 노인들에게 죽음은 오히려 알고 싶은 것, 함께 이야기하고 싶은 절실한 화제일 수 있다. 자신이 직접 당면한 문제이기 때문이다. 이들에게는 인간답게 죽는 방법이라는가, 상례 준비 등의 실제적인 이야기를 상담하거나 같은 동년배의 사람들과 이 문제에 대해 대화를 나누는 것이 필요하다. 또한 남겨질 가족을 위한 유언장 작성, 법률적인 문제의 처리, 유족에 대한 경제적 배려, 애정을 구체적으로 표현하는 편지 쓰기, 장례식의 절차를 정리해 두는 것도 이들에게는 좋은 죽음 준비가 될 수 있다.

## 자살 예방 교육

인간은 어떤 이유로, 어떤 때 자살을 생각할까? 더 이상 견딜 수 없는 상황에 빠지거나 갑자기 가까운 사람이 자살을 하면 자기도 모르게 죽고 싶다는 생각을 하게 된다. 또한 깊은 우울증이나 무기력, 고립된 생활에 오랫동안 잠겨 있을 때도 그럴 수 있다.

셸리 케이건은 가치 없는 삶을 살아가야 할 가능성이 압도적으로 높은 상황이라면, 자살은 합리적인 선택이라 할 수도 있다고 말한다. 물론 자살을 선택한다면 회복 가능성을 영원히 포기하는 셈이다. 자신의 상황을 명료한 시선을 바라볼 수 있다고 가정할 때, 자살이 합리적인 선택이 될 수 있는 사례가 분명히 존재할 수도 있다고 그는 말한다. 그런데도 누군가 진지하게 자살에 대해 고민하고 있을 때, 그 사람은 정말로 자신의 상황에 대해 객관적으로 판단할 수 있는 것일까?

물론 그 사람은 자신이 죽는 편이 더 낫다고 '확신'할 수 있다. 하지만 그런 확신을 '신뢰'하기는 어렵다. 그가 겪고 있는 고통과 슬픔, 스트레스로 인해 극심한 혼란에 빠져 있는 상태일 것이기 때문이다. 죽는 편이 더 낫다고 생각하는 사람은 대개 엄청난 고통과 스트레스 때문에 자신의 상황을 객관적으로 바라보기 힘들다. 따라서 객관적으로 생각할 수 없다면 자살에 대한 자신의 판단을 신뢰해서는 안 된다. 이런 점에서 자살은 합리적인 선택이라고 인정할 수 없다.

자살의 '합리성'에만 초점을 맞출 경우에 한해, 특정한 상황에서 자살을 정당화할 수도 있다고 그는 말한다.

"엄청난 고통과 스트레스 속에서 '판단 능력'을 '신뢰'할 수 없을 때 내린 결정이 아니라, 심사숙고했고, 타당한 이유를 갖고 있으며, 충분한 정보와 조언을 얻었고, 자발적으로 행동하고 있다고 확신했을 때 자살을 선택한 이들에 관해서는, 그들의 선택을 존중하는 것이 도덕적으로 충분히 받아들일 수 있는 사례가 될 수 있습니다."

그러나 이 말 속에는 그만큼 자살이, 완벽한 판단 능력 가운데 실행되기는 드문 경우이며, 과할 정도로 신중한 상태에서 결정한 것이 아닐 확률이 매우 크다는 것을 암시한다.

뿐만 아니라 자살은 가치 있는 삶을 회복할 수 있는 가능성을 영원히 날려 버린다. 특히 그는 10대 청소년들의 자살은 착오에 불과하다고 확신한다.

"우리가 맘 속에 지닌 큰 문제들에 관해서, 대부분의 어른들은 '이 또한 지나가리라'고 생각하지만, 10대들은 아직 그런 경험을 해 보지 못했습니다. 그들은 미래가 더 좋아지기보다 나빠질 것으로만 생각하죠. 특히 한국 학생들은 학업에 엄청난 압박이 있을 때나 시험에 나쁜 성적을 얻었을 때, 가족을 실망시키고 자기 자신을 실망시켰다는 자괴감에 자살하는 사례가 많은 것 같습니다. 그들에게 하고 싶은 말은 '만약 이토록 많은 사람들이 자살을 택하고 있다면 당신이 속한 사회가 설계된 방식에 무언가 잘못된 것이 있다'고 말해 주고 싶습니다. 사람들이 덜 성취하고도 당혹감과 실망감에 자살할 필요가 없는 건강한 사회를 만드는 것이 더 우선적입니다."

자살은 한 사람의 죽음에 그치지 않고 주위 사람에게 엄청난 파장을 불러일으킨다. 사실, 자살을 생각하는 사람은 대부분 정말로 죽고 싶은 마음이 있는 것은 아니다. '죽고 싶다'는 이면에는 '더 살고 싶다', '좀 도와 달라'는 간절한 열망이 있다. 감당하기 힘든 현실을 도피하기 위해 자살할 수밖에 없다는 생각에 사로잡히는 것은 깊은 고독감과 절망감이 그 근저에 자리잡고 있기 때문이다. 자살 행위로 사람들의 주의를 끌고 연민을 바라는 마음이 은연중에 있을 가능성도 높다.

　자살을 막기 위해서는 조그마한 조짐 하나라도 놓치지 않는 것이 중요하다. 무엇보다 자살률이 높은 청소년들의 자살 예방을 위해 학교에서 자살 예방 교육을 실시하는 것이 중요하다. 교사들을 대상으로 사춘기 시절의 특별한 정신상태에 대한 지식과 구체적인 사례를 다루는 워크숍 형식으로 이루어진 죽음 준비 교육을 실시함으로써 청소년 자살 예방에 대한 관심을 높일 필요가 있다. 또한 매체에서는 자살을 보도할 때, 결코 자살을 미화하는 표현을 쓰지 않고, 자살 방법을 구체적으로 가르쳐 주는 기사를 쓰지 않으며, 우울증에 의한 자살의 경우 효과적인 치료법이 있음을 강조하는 것이 중요하다.

　죽는 게 더 나은 삶이 과연 존재하는지에 대한 문제는 자신이 처한 상황을 직시하고 어떤 희망을 발견하느냐, 그리고 인생의 행복, 즉 삶을 가치 있게 만들어 주는 것을 어떻게 바라보느냐 하는 관점에 달려 있다. 그 관점을 심어 주는 것이 자살 예방 교육의 가장 중요한 핵심일 것이다.

## 삶을 경축하기

한편 일상에서 서로의 삶을 경축함으로써, 그리고 서로의 삶이 얼마나 가치 있는 것인지 밀로 표현함으로써 죽음 교육을 인상화할 수 있다.

셸리 케이건 교수는 한 사람이 세상을 떠났을 때 두 가지로 반응할 수 있다고 말한다.

사후세계가 있고 그 사후세계가 현세보다 낫다고 믿는다면 "축하해요, 고인이 더 나은 곳으로 가셨네요"라고 할 것이다. 일반적인 기독교인은 고인의 죽음을 슬퍼하는 동시에 그들의 친구가 좋은 사람이었으며 척박하고 고통스러운 현세보다는 무한한 기쁨만 존재하는 천국으로 샀음을 믿는다. 그러므로 그들은 고인의 떠남을 애도하면서도 죽음을 경축할 수 있을 것이다.

다른 경우는 사후세계를 믿지 않는 경우다. 이 경우는 죽은 이의 삶을 아름답게 인식할 수 있다. 그 삶을 경축하는 것이다. 종교적인 행사가 아닌 추도식에서도 만약 동료가 죽으면, 그와 일하던 사람들, 그를 몇 년간 알던 사람들은 고인에 대해 이야기한다. 고인이 얼마나 놀랄 만 했는지를 이야기하고 그의 삶을 경축할 수 있다. 이것은 우리가 살아 있을 때는 충분히 하지 않는 것들이다. "당신은 정말 훌륭한 사람이야", "흥미로운 사람이야", "특별한 사람이야", "사랑스러운 사람이야"라는 표현을 살아 있을 때는 충분히 하지 않는다. 하지만 고인이 죽고 나서는 가족들이나 친구들, 또는 주변 사람들이 그에 대해 이야기하는 상황에서 그 사람이 얼마나 특별한 사람이었는지 종종 보게 된다.

물론 이것은 쓸쓸한 경험이다. 그가 살아 있었던 생전에는 결코 알지 못했던 측면을 장례식장에 가서야 알게 되는 것이다. 이것은 너무 늦은 시점이다. 죽은 자는 사라졌다. 그렇기 때문에 이러한 경축을 문화적으로 일상 속에서 하는 것이 좋은 죽음 교육이 될 수 있다. 사람들이 40세, 50세, 60세가 되었을 때 이런 식으로 그 사람의 삶에 대한 특별한 기념과 경축을 할 수 있다. 우리나라에서는 생일 파티나 환갑잔치 등이 있을 수 있는데, 그 자리에서 당사자의 삶에 대해 타인들이 그가 어떤 삶을 살아 왔는지, 어떤 사람인지 구체적으로 표현해 주고 경축해 주는 것은 서로에게 좋은 자극과 환기가 될 수 있다. 이렇게 되면 우리가 장례식 때에만 얻을 수 있는 그 사람에 대한 통찰을 미리 얻을 수 있을 것이다.

## 죽음에 대한 두려움과 불안 완화하기

　이것은 죽음을 눈앞에 둔 사람과 그를 돌보는 사람을 위한 죽음 교육이다. 무엇보다 죽음을 맞이할 때 겪는 두려움과 불안을 알아야 그것을 완화시킬 수 있다. 알폰스 데켄 교수는 죽음을 눈앞에 둔 사람들은 대략 다음과 같은 7가지 두려움을 겪는다고 말한다.

　첫 번째는 고통에 대한 두려움이다. 죽음을 눈앞에 두고 곧 죽게 된다는 자각, 사랑하는 사람들과의 이별이 다가오고 있다는 정신적 고통, 사회로부터 고립되어 가고 있다는 사회적 고통, 사랑과 죽음 등 인생의 근원적 질문을 불러일으키는 영적인 고통, 통증으로 인한 육체적 고통 등이다. 말기 환자나 곧 죽음을 맞이할 사람들에게는 이런 다양한 고통을 총체적으로 완화시켜 주는 노력이 필요하다.

　두 번째는 고독에 대한 두려움이다. 숨을 거둘 때 홀로 외로이 죽음을 맞이할 것에 대한 두려움은 거의 모든 사람들이 가지고 있는 감정이다. 죽을 날이 가까워진 환자의 병실에 가족과 친지의 병문안 발길이 차츰 줄어드는 경우가 많고, 홀로 통증에 시달리는 시간 동안 극심한 외로움을 느끼기도 한다. 사실 고독에 대한 두려움은 완전히 극복하기란 어렵다. 하지만 돌보는 사람이나 의료 관계자가 환자 곁을 결코 떠나지 않을 것이라는 신뢰를 준다면 이런 두려움을 완화시키는 데 큰 도움이 된다.

　세 번째는 가족과 사회에 부담이 될 것에 대한 두려움이다. 특히 다른 사람에게 폐를 끼치지 않는 것이 미덕이라는 생각하는 사람들과 고령자들에게는, 가족에게 부담이 될 것이 자살의 큰 원인을 차지하고 있다. 자신들이 성가신 존재가 될 것이라는 두려움이다.

네 번째는 알지 못하는 것을 눈앞에 대하고 있는 불안이다. 사후 세계를 체험을 통해 알려 줄 수 있는 사람은 없다. 죽어 가는 과정은 전혀 알지 못하는 세계로의 이행에 가깝다. 죽음 자체보다 죽기까지의 과정이 더 두렵다고 말하는 사람들도 있다. 죽어 가는 과정이 지닌 불안을 이해해야 도움을 줄 수 있다.

다섯 번째는 인생을 불완전한 상태로 마칠 것에 대한 불안이다. 일생 동안 해 오던 일을 완성시키지 못한 채로 죽음을 맞아야 하는 경우, 죽음이 자신의 생의 완성을 가로막는 장벽으로 느끼게 된다. 하지만 자신의 과거와 그동안 해 온 일에 대해 재평가할 기회를 갖고, 죽어 가는 과정을 마지막 순간까지 성장하기 위한 도전으로 받아들인다면 고통과 공포 역시 인생의 완성을 위해 극복해야 할 건설적인 과제가 될 수 있다.

여섯 번째는 자기 소멸에 대한 불안이다. 죽음으로써 자기 존재가 완전히 소멸해버릴 것에 대한 불안은 자기 보존본능에서 기인한 자연스러운 반응이다.

일곱 번째는 사후의 심판과 벌에 대한 불안이다. 사후에 심판이 뒤따르고 선악에 따른 과보가 있다는 가르침 때문에 죽은 뒤 심판과 처벌을 받을 것에 대해 두려워하는 것이다. 그러나 사후의 엄격한 심판을 상상하며 지나친 불안에 떠는 것보다 현재의 삶에 집중하며 어려움을 이기고 살아가는 삶의 방식을 강조함으로써 그런 불안을 진정시키는 것이 중요하다.

알폰스 데켄 교수는 죽음 교육을 통해 죽어 가는 과정 속에 이와 같은 두려움과 불안이 있다는 것을 가르치고 그것에 대응하는 자세를 알려 주는 것이 극단적인 죽음의 공포를 완화시키는 효과가 있다고 말한다. 죽음을 자신에게 가까운 문제로 이해하고 삶과 죽음의 의의에 대해 배워 나가면서 죽음의 공포를 분명하게 인식하게 되면 억압되어 있던 공포가 완화되기 시작할 것이다. 공포를 짐작할 수 없는 상태에서 단지 두려워하기만 하는 것보다 죽음의 공포와 불안에 대한 내용을 명확하게 아는 것이 적절하게 대처할 수 있는 한 방법이다.

## 죽음을 앞둔 사람을 대하는 법

사실 우리가 죽음을 대면할 때 가장 곤혹스러운 일 중 하나는 죽음을 앞둔 사람을 어떻게 대해야 할 것인가 하는 문제다. 앞서 안토니아 롤스가 말한 바와 같이, 어쩌면 죽음을 목전에 둔 사람은 크게 두려워하지 않을지도 모른다. 그러나 그를 대하는 사람들이 두려움과 불안에 사로잡힌다. 우리는 죽음을 앞둔 사람 앞에서 어찌할 줄 모르는 당혹감에 휩싸인다.

죽어 가는 사람을 대하는 것은 그 사람뿐 아니라 그를 대하고 돌보는 사람에게 엄청난 영향을 미친다. 미국의 작가이자 죽음 연구가인 랍 몰은 좋은 죽음을 맞이하도록 돕는 방법을 몇 가지 제시한다.

먼저, 죽음을 앞둔 사람에게 남은 기간 동안 이루고 싶은 목표가 있다면 그것을 실현할 수 있도록 도와준다. 자신의 인생 이야기를 쓰거나 삶을 돌아보는 작업이 그런 목표가 될 수 있다. 그리고 가족과 친구들에게 작별 인사를 건넴으로써 충분한 시간을 두고 이 땅에서의 이별을 잘할 수 있도록 돕는다. 여러 난관과 어색함과 고통이 따르겠지만, 죽음을 앞둔 사람이 의미 있는 시간을 보낼 수 있도록 돕는 방법은 매우 단순하다고 랍 몰은 말한다. "곁에 있어 주라."

하지만 함께 있어 주는 것은 단순하게 들리지만 결코 단순하지 않다. 학업이나 사회생활, 가정생활로 분주하기 이를 데 없는 현대인들에게, 활기찬 삶의 현장과는 동떨어진 고립된 현장에 있는 사람에게 규칙적으로 시간을 내어 함께한다는 것은 생각보다 쉽지 않다. 무엇보다 분주함과 스트레스에 가득 찬 일상을 사는 현대인들은 시간이 나면 즐겁고 밝은 기분과 여유를 줄 수 있는 사람이나 장소를 찾고 싶어 하지, 불편하고 불안한 감정을 불러일으키는 죽음의 그림자를 바라보고 싶어 하지 않는다.

그러나 함께 있어 주는 것은 환자에게 '더 오래 살 수 있다'는 희망이 아니라, '우리 삶이 아름답고 목적이 있으며 축복받은 것'이라는 희망을 전해 준다. 한 간호사는 이렇게 말했다.

"음식, 쪽지, 웃긴 이야기, 그냥 곁에 있어 주는 것, 교대 간병, 이 모든
것이 우리의 관심을 표현할 수 있는 방법입니다."•

그 자리에 함께 있어 주는 것이 그 어떤 일보다 더 중요한 때가 바
로 죽음을 앞둔 사람의 시간이다. 그 상황을 설명하거나 해결하려는
유혹을 피하고, 그저 함께 있어 주는 것이 죽음을 앞둔 사람이나 그
의 가족에게는 가장 강력한 힘이자 위로요 선물이다. 그리고 이것은
거꾸로, 그 죽음의 현장에 함께 있어 주는 사람에게도 인생을 배울
수 있는 기회를 준다. 구경꾼처럼 어색하게 죽음이라는 사건을 관망
하는 것이 아니라, 적극적인 참여자로서 그 사건을 지켜보며 지속적
으로 느끼고 배울 기회인 것이다.

그렇다면 결국 좋은 죽음에 기여하는 가장 큰 요인은 무엇일까?
죽음을 앞둔 사람에게 가장 중요한 요소는 무엇일까? 죽음 전문가
들이건 일반인들이건 이에 대한 질문을 했을 때, 사람들은 이상적인
죽음의 이미지로, 사랑하는 사람들과 가족들에 둘러싸여 죽는 장면
을 떠올렸다. 즉, 좋은 죽음의 가장 큰 요인은 바로 좋은 관계다. 한
호스피스 의사는 자신의 경험을 이렇게 말했다.

"아주 평화롭게 죽는 환자들, 그리고 사랑하는 사람의 죽음으로 삶이

풍요로워졌다고 느끼는 가족들은, 관계가 돈독하고 자신의 개인적인 문제를 활발하게 논의하는 성향이 있었습니다. 이런 가족은 환자의 병 간호에도 열심이었죠. 넓은 의미에서, 진행성 질환으로 인한 사망은 사람들이 관계 문제를 해결하고 신변을 정리할 수 있는 기회를 제공해 주는 것 같습니다."•

갑자기 죽음이 닥치는 경우에도 평소에 이런 삶을 살았던 사람들은 관계를 회복하기 위해 따로 특별한 시간을 필요치 않는다. 사랑하고 사과하고 용서하는 일은 살아있는 순간에 계속 진행되며 죽는 날까지 계속된다. 결국 죽음을 생각하면 생에서 가장 중요한 것이 무엇인지를 염두에 두며 그것을 삶으로 살아 나가게 되는 것이다.

해야 할 일을 하지 못하거나 해야 할 말을 하지 못해도, 우리는 그냥 산다. 시간을 보내고 세월을 보낸다. 하지만 죽음이 임박했다는 것을 알면 그저 세월을 보내지만은 못한다. 아마도 자신의 죽음을 생각해 보는 것, 죽음을 앞둔 사람 곁을 지키는 것은 그저 세월을 흘려보내지 않는 방법을 알려 줄지도 모른다. 그리고 생의 마지막에 가서 떠올릴 나에게 중요한 관계와 일을 망설이지 않고 삶으로 이루어 내는 것을 가능케 해줄지도 모른다.

시한부 인생을 사는 클레어가 말한 것과 같이, 죽음을 앞둔 사람

• 랍 몰,《죽음을 배우다》(IVP, 2014) 참조.

은 "당신은 소중한 존재이고, 우리는 당신을 사랑합니다. 그리고 당신은 사랑하고 사랑받는 삶, 의미 있는 일에 기여하는 가치로운 삶을 살았습니다. 당신의 삶은 우리에게 축복이었습니다"라는 말을 듣고 싶을 것이다. 자신의 삶이 어떤 의미, 어떤 가치가 있었는지 확인받고 싶을 것이다. 그리고 그것은 가장 긴밀한 관계를 맺었던 사람들과 확인할 수 있는 것일 것이다.

우리는 이 세상의 긴 여행을 마무리하는 순간, 어떤 삶을 살았다고 스스로 말할 수 있을까? 그리고 어떤 삶을 살았다고 사랑하는 사람들에게서 이야기 들을 수 있을까?

그 순간 "나는 이런 삶을 살았다"고 말하고 싶은 것이 있다면, 또는 "당신은 이런 사람이었어요"라는 말을 듣고 싶은 것이 있다면, 바로 그것이 우리 삶의 목표가 될 것이다. 아마도 그것이 죽음 교육이 주는 최대의 선물일 것이다.

"삶이 소중한 이유는 언젠가 끝나기 때문이다."


프란츠 카프카

# 죽음의 실체를 확인하기 위해 달려 온 400일 간의 여정…

죽음의 실체는 무엇일까? 우리는 왜 죽음을 두려워할까? 죽음을 피할 수 있을까? 죽음에 관한 얘기를 하면 재수가 없는 것일까? 죽음을 알면 삶이 풍요로워질까? 잘 살고 잘 죽는 법Living-well, Dying-well 은 무엇일까? 어린 아이들은 죽음을 알지 못할까? 사후세계는 존재할까? 등의 수없이 많은 질문을 던지면서 〈EBS 생사탐구 대기획 "데스"〉를 기획하기 시작했다.

시한부 환자를 촬영해 눈물샘을 자극하는 감동적인 휴먼 다큐멘터리나 사후세계를 신비롭고 환상적으로 그려내는 미스터리 다큐멘터리처럼 프로그램을 제작하려는 유혹도 있었다. 하지만 우리는 정공법을 택하기로 했다. 죽음을 피하지 말고 맞닥뜨려야 한다는 어느 철학자의 말이 떠올랐다. 지금까지와는 다른, 과학적이고 이성적인 방법으로 죽음의 실체를 규명하는 다소 무모해 보이는 시도를 선택한 것이다.

하지만 죽음은 우리나라뿐만 아니라 다른 나라에서도 기피대상이었기에 죽음을 맞닥뜨려 취재하고자 하는 우리에게 '죽음학'의 빈약함은 좌절로 다가왔다. '죽음학'이라는 이름으로 연구를 시작한 것도 1960년대부터이며, 우리나라에서는 거의 태동도 하지 못했다. 철학 분야에서만 그나마 죽음에 대한 정리를 하고 있는 실정이다.

빈약한 '죽음학'의 연구 환경 속에서도 뭔가는 있지 않을까? 2013년 가을, 지푸라기라도 잡는 심정으로 우리는 전 세계 논문을 뒤지기 시작했다. death, die, terror, 죽음, 죽음 관련 도서의 저자명, 논문 속 참고자료 등의 수많은 검색을 통해 죽음을 보다 실증적으로 바라보는 외국의 연구논문들을 조사했다. 공포관리이론Terror Management Theory, 의식Consciousness, 양자물리학Quantum Physics 등과 관련된 논문 속에서 우리가 찾고자 하는 죽음의 실체에 관한 실마리가 어슴푸레 보였지만 죽음의 실체는 끝내 드러나지 않았다.

자료조사 과정을 거쳐 발굴한 논문을 바탕으로 죽음과 관련한 여러 실험을 기획했다. 사람이 죽음에 직면하면 나타나는 여러 현상을 통해 인간의 심리적 기저에 깔린 죽음의 실체를 어느 정도 엿볼 수 있을 것이라는 판단 하에, 죽음과 본능, 죽음과 소비, 죽음과 내집단 편향성, 죽음과 기부성향, 죽음과 운동성향, 죽음과 배려심 등의 심리 실험을 설계했다.

　이러한 실증적 실험들이 죽음의 실체를 파악하는데 도움이 될지는 미지수였다. 왜냐하면 앞서 언급한 이 연구 논문들도 죽음이라는 실체를 밝히고자 애당초 설계된 것이 아니기 때문이다. 우리는 국내 학자들과 함께 위 논문들을 바탕으로 영상화가 가능하고 심리적 변화를 자연스럽게 측정할 수 있는 방법을 찾기에 골몰했다.

　이렇게 죽음의 실체를 심리 실험 등을 통해 보여줄 수 있는 방법을 찾았지만, 사후세계를 과학과 접목하여 검증하는 일은 이전에 방영되었던 여타 다큐멘터리의 접근법에 머물고 있었다. 이런 와중에 '의식과 사후세계를 접목하면 사후세계를 보다 과학적으로 설명할 수 있을 수도 있겠다'라는 생각이 떠올랐다. 그래서 의학적 사망 이후에도 어느 정도의 기간 동안 의식이 살아 있을 수 있다고 밝힌 연구 자료가 존재하고 있는지 검색을 시작했다. (쥐의 실험에서) 심장박동 정지 후 뇌파가 급속히 움직인다는 미시간 대학의 논문과 애리조나 대학의 스튜어트 하메로프 박사의 〈미세소관 속 의식과 양자물리학〉이란 논문이 그것이었다.

　사후세계를 설명하는 고전적인 방법인 근사체험자와 그들을 연구한 학자의 인터뷰를 통한 다큐멘터리 구성의 한계를 넘어, 의식과 양자, 그리고 사후세계를 연결하는 고리를 찾은 것이다.

　의식과 관련된 전문가를 찾는 중에 20년 전부터 열리고 있던 의식 컨퍼런스가 있음을 알게 되고 그곳에서 많은 의식 관련 전문가를 만날 수 있었다. 또한 죽음을 기피하는 문화를 바꾸고자 기획된 영국의 '죽음 알림 주간'도 발굴했다. 이 행사는 2009년부터 매년 5월 영국 전역에서 열린다.

기존의 다큐멘터리와는 뭔가 다르고 새로운 것을 보여주어야 한다는 강박관념이 새로운 것들을 찾아내게 한 동인인 것 같다. 담담하면서도 실증적인 그리고 공감할 수 있는 죽음 다큐멘터리가 이렇게 탄생한 것이다.

이러한 여러 실험적 시도를 통해서도 여전히 우리가 처음에 가졌던 물음에 대한 답을 분명하게 얻지는 못했다고 고백하는 것이 솔직한 심정이다. 하지만 죽음에 대한 논의를 무조건적으로 기피하는 것보다는 언젠가는 닥칠 인생 최대의 이벤트인 죽음을 얘기하면서 삶의 유한함을 깨닫는 겸손함을 배우게 됐다.

〈EBS 다큐프라임 생사탐구 대기획 "데스"〉를 제작하는 동안, 많은 도움을 주신 약 100여 명의 국내외의 전문가와 관계자들, 함께 고생한 모든 스테프께 감사드린다.

황인수 PD

죽음은 인간이 받을 수 있는 축복 중 최고의 축복이다

소크라테스(Socrates)

책임프로듀서 / 추덕담

연출 / 황인수

조연출 / 고동균

글구성 / 김미안

취재작가 / 김두현

내레이션 / 이호성 김성경

기술감독 / 강남수 조선행 정장춘

음향감독 / 조형우

촬영감독 / 강한숲

촬영보조 / 전기진

헬리캠 감독 / 임석태

헬리캠 촬영 보조 / 유상식

외부 조명 / 함형석(준조명) 스크린라이트

지미집 / 윤설영 스톰프로덕션

특수 편집 / 최윤석(로프트) 백광우(로프트) 이진희(로프트)

NLE 편집 / 고동균 윤기성 허찬석

음악 / 윤유승

음향 효과 / 조형우 이용문

외부 녹음 / 김학주(편 사운드웍스)

VJ / 안상민 배규상 윤재성

3D 그래픽 / 최윤석(로프트) 백광우(로프트) 이진의(로프트) 정동욱 윤영원 서보창

타이틀 제작 / 로프트 이미지웍스

문자 그래픽 / 김남시 류희경 최기화

해외 코디 미국 / 권장호 강훈경 김초선 김승찬 이인화 장정훈 김종우 송진숙 최도현

영국 / 장정훈

일본 / 김종우

네덜란드 / 이세나

번역 영어 / 김다솜 김경은 제이슨김 서연수 안정윤 이가빈 이주현 이지영 김동욱
김문선 김선아 김유진 지혜진 오성룡 이재원 정성범

일본어 / 황은실

네덜란드어 / 이정

자료 제공 / 조아라

영상 자문 / 조일

이미지 자문 / 김혜란

차량 지원 / 양준호

캐스팅 / 미스디카 (주)아트넷 와이즈엔터테이먼트 엠제이프로덕션 티아이 키즈
플래닛 에덴에이전시 서울아트 스토리아이

세트 디자인 / 최원석

세트 제작 / 이기남

소품 / 노은주 정희영 주우영 최준웅

의상분장 / 주아트 양찬주 허인경

애니메이션 / PN509

삽화 / 엄정원 허인경

현대무용 / W.Acompany

　　　안무감독 / 남진현

　　　디렉터 / 조아라

　　　무용수 / 남진현 이루다 최수진 김민준 송영욱

출연 / 문덕심 김태임 윤하영 고진영 왕수운 김기평 김동욱

성우 / 유보라 천지선

행정 / 정봉식 박선아 박영수

홍보 / 서동원 이혁 장종호 이경희 박태규

홈페이지 / 이금규

촬영 협조 / 중앙대학교 심리학과

　　　동국대학교

　　　초록우산 어린이재단

　　　에이스 프라이빗짐

　　　매봉역

　　　시세이 가구점

　　　기선완(가톨릭관동대학교 교수)

　　　서동준(가톨릭관동대학교 파트장)

　　　비플러스엠 가구점

　　　청명유치원

　　　각당복지재단

　　　천안 추모공원

　　　네덜란드 마그라텐묘지

　　　숭실대학교

　　　곰두리 체육센터

　　　강남 시니어플라자

　　　경기대학교 평생교육원

<EBS 다큐프라임 생사탐구 대기획 "데스"> 자문단

## 미국

나오미 맨델 / 미국 애리조나주립대학교 마케팅학과 교수

네드 블록 / 미국 뉴욕대학교 철학과 교수

네이선 디월 / 미국 컨터키대학교 심리학과 부교수

대니얼 데닛 / 미국 터프츠대학교 철학과 교수

대니얼 카너먼 / 미국 프린스턴대학교 명예교수(노벨경제학상 수상자)

디팍 초프라 / 미국 노스웨스턴대학교 켈로그 경영대학원 교수

로널드 시글 / 미국 UCLA 정신약리학과 교수

로버트 란자 / 미국 어드밴스트 셀 테크놀로지 연구실장

로빈 에델스타인 / 미국 미시간대학교 심리학과 교수

로이 바우마이스터 / 미국 플로리다대학교 심리학과 교수

마이클 샌델 / 미국 하버드대학교 정치철학과 교수

막스 테그마크 / 미국 매사추세츠공대 물리학과 교수

빌 비올라 / 미국 비디오 작가

샘 파니아 / 미국 뉴욕 스토니 브룩 의과대학

셸던 솔로몬 / 미국 스키드모어대학교 심리학과 교수

셸리 케이건 / 미국 예일대학교 철학과 교수

스튜어트 하메로프 / 미국 애리조나대학교 마취학과, 심리학과 교수

스티븐 노벨라 / 미국 예일대 의과대학교 신경외과 교수

앤드류 클리랜드 / 미국 캘리포니아대학교 물리학과 교수

오브리 드 그레이 / 미국 생명과학자

윌리엄 초픽 / 미국 미시간대학교 심리학과 박사

이운철 / 미국 미시간대학교 마취학과 교수

제이미 골든버그 / 미국 사우스플로리다주립대학교 심리학과 교수

제프 그린버그 / 미국 애리조나대학교 심리학과 교수

제프리 롱 / 미국 방사선 종양학과 전문의

조지 마셸 / 미국 미시간대학교 신경외과 교수

존 마니티 / 미국 캘리포니아대학교 물리학과 교수

지모 보르지긴 / 미국 미시간대학교 신경외과 교수


## 영국

데미안 허스트 / 영국 현대예술가

뎁 윌크스 / 영국 '죽음을 맞이하기 좋은 날' 행사 담당자

로먼 크르즈나릭 / 영국 문화철학자

로저 펜로즈 / 영국 이론물리학자, 수학자

매기 페이 / 영국 '죽음과 삶을 위한 축제' 행사 담당자

수잔 블랙모어 / 영국 플리머스대학교 심리학과 교수

안토니아 롤스 / 영국 화가

앤 차머스 / 영국 'Chief Executive of Child Bereavement UK / Elephant's Tea
　　　Party' 담당자

앤드류 실케 / 영국 이스트런던대학교 범죄학과 교수

엘렌 켈레히어 / 영국 미들섹스대학교 공공건강학과 교수

오넬라 코라짜 / 영국 하트퍼드셔대학교 약학과 교수

조 레빈슨 / 영국 죽음알림주간 담당자

조세핀 스파야 / 영국 런던 '데스 카페' 담당자

존 언더우드 / 데스 카페 창립자

존 트로이어 / 영국 바스대학교 장례학위 교육 전문가

크리스 파커 / 영국 '커피 모닝' 담당자

토니 월터 / 영국 바스대학교 죽음사회 연구소장

피터 펜윅 / 영국 정신의학 전문의


## 프랑스

필리페 페팃 / 프랑스 행위 예술가


## 네덜란드

핌 반 롬멜 / 네덜란드 심장전문의


## 스웨덴

헨릭 어슨 / 스웨덴 카롤린스카 연구소


## 스위스

프란츠 폴렌바이더 / 스위스 취리히대학교 신경과학자

## 이스라엘

길라드 히르쉬베르거 / 이스라엘 허즐리야 학제연구센터(Interdisciplinary Center
  Herzliya, IDC) 심리학과 교수

## 일본

아니르반 반디오파드야이 / 일본 국립 물질재료연구기구

알폰스 데켄 / 일본 조치대학교 문학부 명예교수

유키코 우시다 / 일본 교토대학교 코코로 연구소 교수

칼 베커 / 일본 교토대학교 코코로 연구소 교수

## 호주

데이비드 차머스 / 호주 오스트레일리아국립대학교 철학과 교수

로스 매켄지 / 호주 퀸슬랜드대학교 물리학과 교수

제프리 레이머 / 호주 시드니대학교 화학과 교수

## 한국

강동구 / 생사의례문화연구원장

권정호 / 前 대구대학교 조형예술대학 회화과 교수

김민희 / 한국상담대학원대학교 교수

김상욱 / 부산대학교 물리교육과 교수

김승환 / 포스텍 물리학과 교수

김신희 / 웹툰 '죽음에 관하여' 작가

김영우 / 신경정신과 전문의

김재휘 / 중앙대학교 심리학과 교수

김정운 / 여러가지문제연구소 소장

노상선 / 한림대학교 심리학과

박지선 / 국립경찰대학교 행정학과 교수

배철현 / 서울대학교 종교학과 교수

오진탁 / 한림대학교 생사학연구소장

윤영호 / 서울대학교 의과대학 교수

이순칠 / 카이스트 물리학과 교수

장진영 / 변호사

정현채 / 서울대학교 소화기내과 교수

정현호 / 웹툰 '죽음에 관하여' 작가

조아라 / 현대무용 자문

조용래 / 한림대학교 심리학과 교수

진중권 / 동양대학교 교양학부 교수

최승연 / '삶과 죽음을 생각하는 회' 회장

최재웅 / 고려대학교 언어학과 교수

최준식 / 이화여자대학교 한국학과 교수

하정화 / 서울대학교 사회복지학과 교수

중앙대 소비자 및 광고 심리 연구실

# 참고문헌
◇◇◇◇◇◇◇◇◇◇

## 논문

Abram Rosenblatt, Jeff Greenberg, Sheldon Solomon, Tom Pyszczynski, "Evidence For Terror Management Theory: I. The Effects of Mortality Salience on Reactions to Those Who Violate or Uphold Cultural Values", *Deborah Lyon*, 1989

Arnaud Wisman, Jamie L. Goldenberg, "From the Grave to the Cradle: Evidence That Mortality Salience Engenders a Desire for Offspring", *Journal of Personality and Social Psychology*, 2005

Arnaud Wisman, Sander L. Koole, "Hiding in the Crowd: Can Mortality Salience Promote Affiliation With Others Who Oppose One's Worldviews?", *Journal of Personality and Social Psychology*, 2003

Brandon J. Schmeichel, Matthew T. Gailliot, Emily-Ana Filardo, Ian McGregor, Seth Gitter, Roy F. Baumeister, "Terror Management Theory and Self-Esteem Revisited: The Roles of Implicit and Explicit Self-Esteem in Mortality Salience Effects", *Journal of Personality and Social Psychology*, 2009

Catherine L. Cohan, Steve W. Cole, "Life Course Transitions and Natural Disaster: Marriage, Birth, and Divorce Following Hurricane Hugo", *Journal of Family Psychology*, 2002

Christopher P. Niemiec, Kirk Warren Brown, Todd B. Kashdan, Philip J. Cozzolino, William E. Breen, Chantal Levesque-Bristol, Richard M. Ryan, "Being Present in the Face of Existential Threat: The Role of Trait Mindfulness in Reducing Defensive Responses to Mortality Salience", *Journal of Personality and Social Psychology*, 2010

Emily L. B. Lykins, Suzanne C. Segerstrom, Alyssa J. Averill, Daniel R. Evans, University of Kentucky, Margaret E. Kemeny, "Goal Shifts Following Reminders of Mortality: Reconciling Posttraumatic Growth and Terror Management Theory", *Pers Soc Psychol Bull*, 2007

Eva Jonas, Jeff Schimel, Jeff Greenberg, Tom Pyszczynski, "The Scrooge Effect: Evidence that Mortality Salience Increases Prosocial Attitudes and Behavior", *Pers Soc Psychol Bull*, 2002

Franz X. Vollenweider, Mark A. Geyer, "A systems model of altered consciousness: Integrating natural and drug-induced psychoses", *Brain Research Bulletin*, 2001

Gilad Hirschberger, Tsachi Ein-Dor, Shaul Almakias, "The Self-Protective Altruist: Terror Management and the Ambivalent Nature of Prosocial Behavior", *Pers Soc Psychol Bull*, 2008

Jamie Arndt, Clay Routledge, Jamie L. Goldenberg, "Predicting proximal health responses to reminders of death: The influence of coping style and health optimism", *Psychology and Health*, 2006

Jamie Arndt, Jeff Greenberg, Jeff Schimel, Tom Pyszczynski, Sheldon Solomon, "To Belong or Not to Belong, That Is the Question: Terror Management and Identification With Gender and Ethnicity", *Journal of Personality and Social Psychology*, 2002

Jamie Arndt, Jeff Schimel L. Goldenberg, "Death Can Be Good for Your Health: Fitness Intentions as a Proximal and Distal Defense Against Mortality Salience1", *Journal of Applied Social Psychology*, 2003

Jamie Arndt, Kenneth E. Vail III, Cathy R. Cox, Jamie L. Goldenberg, Thomas M. Piasecki, Frederick X. Gibbons, "The Interactive Effect of Mortality Reminders and Tobacco Craving on Smoking Topography", *Health Psychology*, 2013

Jamie Arndt, Sheldon Solomon, Tim Kasser, Kennon M. Sheldon, "The Urge to Splurge Revisited: Further Reflections on Applying Terror Management Theory", *Journal of Consumer Psychology*, 2004

Jamie L. Goldenberg, Tom Pyszczynski, Jeff Greenberg, Sheldon Solomon, "Fleeing the Body: A Terror Management Perspective on the Problem of Human Corporeality", *Personality and Social Psychology*, 2000

Jeff Schimel, Linda Simon, Jeff Greenberg, Tom Pyszczynski, Sheldon Solomon, Jeannette Waxmonsky, Jamie Arndt, "Stereotypes and Terror Management: Evidence That Mortality Salience Enhances Stereotypic Thinking and Preferences", *Journal of Personality and Social Psychology*, 1999

Jeff Schimel, Michael J. A. Wohl, Todd Williams, "Terror Management and Trait Empathy: Evidence that Mortality Salience Promotes Reactions of Forgiveness among People with High (vs. low) Trait Empathy", *Motiv Emot*, 2006

Jimo Borjigin, UnCheol Lee, Tiecheng Liu, Dinesh Pal, Sean Huff, Daniel Klarr, Jennifer Sloboda, Jason Hernandez, Michael M. Wang, George A. Mashour, "Surge of neurophysiological coherence and connectivity in the dying brain", *PNAS*, 2013

Jochim Hansen, Susanne Winzeler, Sascha Topolinski, "When the death makes you smoke: A terror management perspective on the effectiveness of cigarette on-pack warnings", *Journal of Experimental Social Psychology*, 2010

Joshua M. Tybur, Debra Lieberman, Vladas Griskevicius, "Microbes, Mating, and Morality: Individual Differences in Three Functional Domains of Disgust", *Journal of Personality and Social Psychology*, 2009

Kenneth E. Vail III, Jacob Juhl, Jamie Arndt, Matthew Vess, Clay Routledge, Bastiaan T. Rutjens, "When Death is Good for Life: Considering the Positive Trajectories of Terror Management", *Pers Soc Psychol Rev*, 2012

Mark J. Landau, Jamie L. Goldenberg, Jeff Greenberg, Omri Gillath, Sheldon Solomon, Cathy Cox, Andy Martens, Tom Pyszczynski, "The Siren's Call: Terror Management and the Threat of Men's Sexual Attraction to Women", *Journal of Personality and Social Psychology*, 2006

Mark J. Landau, Jeff Greenberg, Sheldon Solomon, Tom Pyszczynski, "Windows Into Nothingness: Terror Management, Meaninglessness, and Negative Reactions to Modern Art", *Journal of Personality and Social Psychology*, 2006

Mark Schaller, Gregory E. Miller, Will M. Gervais, Sarah Yager, Edith Chen, "Mere Visual Perception of Other People's Disease Symptoms Facilitates a More Aggressive Immune Response", *Psychological Science*, 2010

Mark Schaller, Justin H. Park, "The Behavioral Immune System", *Psychological Science*, 2011

Nakonezny, Paul, Reddick, Rebecca, Rodgers, Joseph Lee, "Did Divorces Decline After the Oklahoma City Bombing?", *Journal of Marriage & Family*, 2004

Naomi Mandel, Steven J. Heine, "Terror Management and Marketing: He who die with the most wins", *Advances in Consumer Research*, 1999

Pim van Lommel, "Non-local Consciousness A Concept Based on Scientific Research on Near-Death Experiences During Cardiac Arrest", *Journal of Consciousness Studies*, 2013

Pim van Lommel, Ruud van Wees, Vincent Meyers, Ingrid Elfferich, "Near-death experience in survivors of cardiac arrest: a prospective study in the

Netherlands", *Lancet*, 2001

Roger Penrose, Stuart Hameroff, "Consciousness in the Universe: Neuroscience, Quantum Space-Time Geometry and Orch OR Theory", *Journal of Cosmology*, 2011

Rosellina Ferraro, Baba Shiv, James R. Bettman, "Let Us Eat and Drink, for Tomorrow We Shall Die: Effects of Mortality Salience and Self-Esteem on Self-Regulation in Consumer Choice", *Journal of Consumer Research*, 2005

Rosellina Ferraro, Baba Shiv, James R. Bettman, "Let Us Eat and Drink, for Tomorrow We Shall Die: Effects of Mortality Salience and Self-Esteem on Self-Regulation in Consumer Choice", *Journal of Consumer Research*, 2005

Thomas Marchlewski, "I Die Therefore I Buy: Applications of Terror Management Theory to Consumer Behavior", *Thomas Marchlewski*, 2006

Tianjun Feng, L. Robin Keller, "A Multiple-Objective Decision Analysis for Terrorism Protection: Potassium Iodide Distribution in Nuclear Incidents", *Decision Analysis*, 2006

Tianjun Feng, L. Robin Keller, "A Multiple-Objective Decision Analysis for Terrorism Protection: Potassium Iodide Distribution in Nuclear Incidents", *Decision Analysis*, 2006

Tim Kasser, Kennon M. Sheldon, "Of Wealth and Death: Materialism, Mortality Salience, and Consumption Behavior", *American Psychological Society*, 2000

Tom Pyszczynski, Jeff Greenberg, Sheldon Solomon, "A Dual-Process Model of Defense Against Conscious and Unconscious Death-Related Thoughts: An Extension of Terror Management Theory", *Psychological Review*, 1999

William J. Chopik, Robin S. Edelstein, "Death of a salesman: Webpage-based manipulations of mortality salience", *Computers in Human Behavior*, 2014

Yukiko Uchida, Yoshiaki Takahashi, "Happiness before and after a Natural Disaster", *Kentaro Kawahara*, 2013

Yukiko Uchida, Yoshiaki Takahashi, Kentaro Kawahara, "Changes in Hedonic and Eudaimonic Well-Being After a Severe Nationwide Disaster: The Case of the Great East Japan Earthquake", *Journal of Happiness Studies*, 2013

Zachary K. Rothschild, A bdolhossein Abdollahi, Tom Pyszczynski, "Does peace have a prayer? The effect of mortality salience, compassionate values, and religious fundamentalism on hostility toward out-groups", *Journal of Experimental Social Psychology*, 2009

강동구, "프리니드(Pre-Need)에 관한 연구?장례식장 마케팅 중심으로", 동국대학교 불교대학원 장례문화학과, 2007

김지현, 민경환, "청년 집단의 죽음 공포과 죽음 수용에 영향을 미치는 변인들에 대한 연구", 서울대학교 심리학과, 2005

김현일, "경제적 불안감이 물질주의적 가치관과 소비행위에 미치는 영향", 서울대학교 대학원, 2001

김희경, "현대 한국인의 죽음에 관한 인식과 태도", 동국대학교 불교대학원 장례문화학과, 2002

박영택, "한국 현대미술에 나타난 죽음의 이미지", 〈시민인문학〉, 2012

박지선, 최인철, "죽음에 대한 생각이 우리를 훌륭한 시민으로 만드는가?", 〈Korean Journal of Social and Personality Psychology〉, 2002

서리나, "명백 불안과 죽음 불안이 신체화 증상에 미치는 영향", 고려대학교 대학원 심리학과, 2012

이상목, 김성연, "삶과 죽음에 대한 한국인의 인식 연구", 〈생명윤리〉, 2012

정의정, "Well-dying 프로그램이 노인의 죽음불안과 성공적 노화에 미치는 영향", 호서대학교 벤처전문대학원, 2012

조복란, "현대 한국 사회의 죽음 대응 양상에 관한 사회학적 고찰-'장례식'의 변화와 '죽음의 처리'에 관한 논의를 중심으로-", 서강대학교 대학원, 2000

최영이, "노인의 죽음인식 및 죽음 준비에 관한 연구", 한양대학교 임상간호정보대학원. 2008

최준식, 김진석, "파블로프 공포 조건화에 관련된 편도체 회로, 〈한국뇌학회지〉, 2002

추병완, "편견의 원인과 결과: 공포 관리 이론(terror management theory)을 중심으로", 춘천교육대학교, 2013


## 단행본

Becker, Ernest, Todd, Raymond (NRT), 《The Denial of Death》(BlackstoneAudioInc, 2005)

Linda Brannon, Jess Feist, 《Health Psychology》(CengageLearning, 2011)

Pim Van Lommel, 《Consciousness Beyond Life》(HarperOne, 2010)

Raymond A. Moody, 《Life After Life》(HarperSanFrancisco, 2001)

Sam Parnia, 《What Happens When We Die?》(HayHouseInc, 2007)

Todd Burpo, 《Heaven Is for Real》(OasisAudio, 2012)

강신주, 《강신주의 다상담 3》(동녘, 2013)

강영계, 《죽음학 강의》(새문사, 2012)

강주상, 《양자물리학》(홍릉과학출판사, 2008)

곽영직, 《슈뢰딩거가 들려주는 양자 물리학 이야기》(자음과모음, 2010)

김상운, 《왓칭》(정신세계사, 2011)

김영우, 《빙의는 없다》(전나무숲, 2012)

나카무라 진이치, 《편안한 죽음을 맞으려면 의사를 멀리하라》(위즈덤스타일, 2012)

다케우치 가오루, 후지이 가오리, 마츠노 도키오, 《만화 양자론》(멘토르, 2012)

대니얼 데닛, 《의식의 수수께끼를 풀다》(옥당, 2013)

대니얼 카너먼, 《불확실한 상황에서의 판단》(아카넷, 2001)

_____, 《생각에 관한 생각》(김영사, 2012)

디팩 초프라, 《죽음 이후의 삶》(행복우물, 2008)

랍 몰, 《죽음을 배우다》(IVP, 2014)

로먼 크르즈나릭,《원더박스》(원더박스, 2013)

로버트 길모어,《양자 나라의 앨리스》(해나무, 2003)

로저 펜로즈,《마음의 그림자》(승산, 2014)

_____,《우주 양자 마음》(사이언스북스, 2002)

론다 번,《시크릿》(살림Biz, 2007)

마이클 샌델,《돈으로 살 수 없는 것들》(와이즈베리, 2012)

마이클 팀,《사후세계의 비밀》(북성재, 2013)

바바라 해거티,《신의 흔적을 찾아서》(김영사, 2013)

브라이언 그린,《엘러건트 유니버스》(승산, 2002)

셔윈 눌랜드,《사람은 어떻게 죽음을 맞이하는가》(세종서적, 2010)

셸리 케이건,《DEATH 죽음이란 무엇인가》(엘도라도, 2012)

M. 스캇 펙,《이젠 죽을 수 있게 해줘》(율리시즈, 2013)

시니, 혀노,《죽음에 관하여(전 2권)》(영컴, 2013)

알베르 카뮈,《행복한 죽음》(책세상, 1995)

알폰스 데켄,《죽음을 어떻게 맞이할 것인가》(궁리, 2002)

엔리코 데 파스칼레,《죽음과 부활 그림으로 읽기》(예경, 2010)

엘리자베스 퀴블러 로스,《사후생》(대화문화아카데미, 2009)

_____,《인간의 죽음》(분도출판사, 1979)

_____,《죽음과 죽어감》(이레, 2008)

오진탁,《자살예방 해법은 있다》(교보문고, 2013)

윤영호,《나는 죽음을 이야기하는 의사입니다》(컬처그라퍼, 2012)

재니스 A. 스프링, 마이클 스프링,『웰 다잉 다이어리』(바롬웍스, 2011)

제프리 롱,《죽음, 그 이후》(에이미팩토리, 2010)

조너던 와이너,《과학, 죽음을 죽이다》(21세기북스, 2011)

주제 사라마구,《죽음의 중지》(해냄출판사, 2009)

진중권,《춤추는 죽음(전 2권)》(세종서적, 2005)

찰스 디킨스,《크리스마스 캐럴》(시공주니어, 2003)

최준식, 《죽음 또 하나의 세계》(동아시아, 2006)

_____, 《죽음학 개론》(모시는사람들, 2013)

칼 베커, 《죽음의 체험》(생각하는백성, 2007)

토드 메이, 《죽음이란 무엇인가》(파이카, 2013)

톰 히크먼, 《죽음 - 사용설명서》(뿌리와이파리, 2002)

파드마 삼바바, 《티베트 사자의 서》(김영사, 2008)

프란츠 카프카, 어니스트 헤밍웨이 외, 《죽음》(에디터, 2013)

프랭크 클로우스, 《반물질》(MID, 2013)

피터 펜윅, 엘리자베스 펜윅, 《죽음의 기술》(부글북스, 2008)

필립 아리에스, 《죽음 앞의 인간》(새물결, 2004)

_____, 《죽음의 역사》(동문선, 1998)

한국죽음학회 웰다잉 가이드라인 제정위원회, 《죽음맞이》(모시는 사람들, 2013)

한국죽음학회, 《한국인의 웰다잉 가이드라인》(대화문화아카데미, 2011)

# 찾아보기

◇◇◇◇◇◇◇◇◇◇

# 찾아보기 실험

# 좋은 죽음 나쁜 죽음

ⓒ EBS 〈데스〉 제작팀

초판 1쇄 펴낸날 2014년 11월 17일
개정 2쇄 펴낸날 2020년 6월 19일

지은이 EBS 〈데스〉 제작팀
구성 이진경
펴낸이 조은희
책임편집 한해숙
디자인 최성수, 이이환
마케팅 박영준
온라인 마케팅 정보영
영업관리 김효순
제작 정영조, 강명주

펴낸곳 주식회사 한솔수북
출판등록 제2013-000276호
주소 03996 서울시 마포구 월드컵로 96 영훈빌딩 5층
전화 02-2001-5817(편집) 02-2001-5828(영업)
팩스 02-2060-0108
전자우편 chaekdam@gmail.com
책담 블로그 http://chaekdam.tistory.com
책담 페이스북 https://www.facebook.com/chaekdam

ISBN 979-11-7028-272-3  03190

큐알 코드를 찍어서
독자 참여 신청을 하시면
선물을 보내 드립니다.

 다른 내일을 만드는 상상